Andreas N. Ludwig

Klassischer Liberalismus: Vorbild für die Zukunft des Welthandels?

Razeen Sallys Konzept einer Reform des Welthandels am Beginn des 21. Jahrhunderts

Bachelor + Master Publishing

Ludwig, Andreas N.: Klassischer Liberalismus: Vorbild für die Zukunft des Welthandels? Razeen Sallys Konzept einer Reform des Welthandels am Beginn des 21. Jahrhunderts, Hamburg, Diplomica Verlag GmbH 2011

Originaltitel der Abschlussarbeit: Klassischer Liberalismus und die Zukunft des Welthandels. Razeen Sallys Konzept einer Reform der Welthandelsordnung in der Tradition der Politischen Ökonomie des Vereinigten Königreiches

ISBN: 978-3-86341-077-3
Druck: Bachelor + Master Publishing, ein Imprint der Diplomica® Verlag GmbH, Hamburg, 2011
Zugl. Katholische Universität Eichstätt-Ingolstadt, Eichstätt, Deutschland, Studienarbeit, 2010

Bibliografische Information der Deutschen Nationalbibliothek:
Die Deutsche Nationalbibliothek verzeichnet diese Publikation in der Deutschen Nationalbibliografie;
detaillierte bibliografische Daten sind im Internet über http://dnb.d-nb.de abrufbar.

Die digitale Ausgabe (eBook-Ausgabe) dieses Titels trägt die ISBN 978-3-86341-577-8 und kann über den Handel oder den Verlag bezogen werden.

Dieses Werk ist urheberrechtlich geschützt. Die dadurch begründeten Rechte, insbesondere die der Übersetzung, des Nachdrucks, des Vortrags, der Entnahme von Abbildungen und Tabellen, der Funksendung, der Mikroverfilmung oder der Vervielfältigung auf anderen Wegen und der Speicherung in Datenverarbeitungsanlagen, bleiben, auch bei nur auszugsweiser Verwertung, vorbehalten. Eine Vervielfältigung dieses Werkes oder von Teilen dieses Werkes ist auch im Einzelfall nur in den Grenzen der gesetzlichen Bestimmungen des Urheberrechtsgesetzes der Bundesrepublik Deutschland in der jeweils geltenden Fassung zulässig. Sie ist grundsätzlich vergütungspflichtig. Zuwiderhandlungen unterliegen den Strafbestimmungen des Urheberrechtes.

Die Wiedergabe von Gebrauchsnamen, Handelsnamen, Warenbezeichnungen usw. in diesem Werk berechtigt auch ohne besondere Kennzeichnung nicht zu der Annahme, dass solche Namen im Sinne der Warenzeichen- und Markenschutz-Gesetzgebung als frei zu betrachten wären und daher von jedermann benutzt werden dürften.

Die Informationen in diesem Werk wurden mit Sorgfalt erarbeitet. Dennoch können Fehler nicht vollständig ausgeschlossen werden, und die Diplomarbeiten Agentur, die Autoren oder Übersetzer übernehmen keine juristische Verantwortung oder irgendeine Haftung für evtl. verbliebene fehlerhafte Angaben und deren Folgen.

© Bachelor + Master Publishing, ein Imprint der Diplomica® Verlag GmbH
http://www.diplom.de, Hamburg 2011
Printed in Germany

Vorwort

„Zur Freiheit hat uns Christus befreit! So steht nun fest und lasst Euch nicht wieder das Joch der Knechtschaft auflegen!" (Galater 5,1)

Freiheit des Individuums, freie Märkte und freier Handel in einem System, in dem sich der Staat auf seine Kernaufgaben konzentriert, diese Idealvorstellung einer liberalen Ordnung von Politik und Wirtschaft findet ihren Ursprung in der politischen Ökonomie im Vereinigten Königreiches des 18. Jahrhunderts. Ihre geistigen Väter und deren Erben zählen zu den bedeutendsten Denkern ihrer jeweiligen Epoche, seien es die führenden Vertreter der Schottischen Aufklärung um David Hume und Adam Smith oder die wortgewaltigen Verfechter der Idee der Freiheit im 20. Jahrhundert wie etwa Ludwig von Mises oder Friedrich August von Hayek.

Der klassische Liberalismus stellt dabei nicht eine losgelöste politische oder wirtschaftliche Ordnungsvorstellung dar, sondern vielmehr ein alle Bereiche verbindendes Gesamtkonzept, dessen originäres und edelstes Ziel die schrittweise Verwirklichung der größtmöglichen Freiheit des Einzelnen ist.

Razeen Sally überträgt in seinen Schriften diese Prämissen in die Internationale Politische Ökonomie unserer Tage und führt so die Denkschule des Klassischen Liberalismus in das 21. Jahrhundert. Er erkennt dabei das unverminderte Potenzial dieses britischen Erbes für die politische und wirtschaftliche Ordnung der Staaten und ihrer globalen Vernetzung, gerade vor dem Hintergrund der

Krise der Welthandelsordnung nach dem zumindest vorläufigen Scheitern der Doha-Welthandelsrunde.

Ziel dieses kleinen Werkes ist es, Sallys Arbeiten zum klassischen Liberalismus und der Zukunft des Welthandels näher zu betrachten, auf ihre Pertinenz zu hinterfragen sowie diese weiter in die deutsche Diskussion einzuführen. Es diene jedoch zugleich als Appell zur Wiederentdeckung des einmaligen Erbes der klassischen politischen Ökonomie Großbritanniens, als Inspirationsquelle und Anhaltspunkt in Zukunftsfragen von Politik, Wirtschaft und Gesellschaft in der westlichen Welt.

Besonderer Dank gebührt an dieser Stelle zunächst meinem Doktorvater, Herrn Professor Dr. Klaus Schubert (Katholische Universität Eichstätt-Ingolstadt) für seine stets wohlwollende Unterstützung meiner Arbeit. Des Weiteren sei meinen treuen Korrekturlesern, Frau Dipl. Soz. Ellen Ziegler und Herrn Matthias Egert M.A. herzlich gedankt, verbunden mit dem Versprechen auf noch reichlich Arbeit.

Die vorliegenden Ausführungen stellen eine überarbeitete Fassung einer Studienarbeit dar, die im Rahmen des integrierten deutsch-französischen Master-Studiengangs Politikwissenschaft der Katholischen Universität Eichstätt-Ingolstadt und des Institut d'Etudes Politiques de Rennes verfasst wurde.

München, im März 2011 *Andreas N. Ludwig*

Inhaltsverzeichnis

Einführung……………………………………………..9

I. Die Grundlagen des klassisch-liberalen Konzeptes des Welthandels…………………..23

   1. Die Grundannahmen des klassischen Liberalismus in der politischen Ökonomie.....25

   2. Die Vorbildrolle des Vereinigten Königreiches im Welthandel 39

   3. Der Paradigmenwechsel im Welthandel im 20. Jahrhundert 47

II. Der klassisch-liberale Reformansatz für den Welthandel im 21. Jahrhundert nach Razeen Sally……………………………………………...53

   1. Anmerkungen Razeen Sallys zum Zustand des Welthandels 53

   2. Die Reformvorschläge Razeen Sallys für das Welthandelsregime 61

   3. Ein klassisch-liberales Konzept für die Zukunft der Welthandelsordnung 65

Fazit und Ausblick…………………………...71

Bibliographie……………………………………80

Einführung

„The WTO is beginning to look like a tragic example of 'advance into decline'. Its birth looked like a massive breakthrough, since it turned the GATT into the international organisation it was originally supposed to become, as the International Trade Organisation. Yet, in practice, the more institutionalised and comprehensive the trading system has become, the less effective it has also risked becoming, notably at the old business of trade liberalisation."[1]

Diese Einschätzung des Zustandes des Welthandelsregimes durch den britischen Wirtschaftsjournalisten Martin Wolf fasst im Jahre 2009 die enttäuschten Hoffnungen und die Ernüchterung vieler Fachleute und Beobachter über die Entwicklung dieses Internationalen Regimes am Beginn des 21. Jahrhunderts zusammen. Nach der Gründung der Welthandelsorganisation – *World Trade Organisation* (WTO) – sind allenthalben große Erwartungen verbunden worden, dieses neue Regime könne durch offene Märkte, dem Prinzip der Nichtdiskriminierung und einer glaubwürdig einklagbaren Rechtsgrundlage für den Handel seiner Mitglieder, deren nationale

---

[1] Martin WOLF: *Does the trading system have a future? (Jan Tumlir Policy Essays Nr. 1/2009);* in:
http://www.ecipe.org/publications/jan-tumlir-policy-essays/does-the-trading-system-have-a-future/PDF (aufgerufen am 16. August 2010).

Wohlfahrt weiter stärken und damit zur Steigerung des wirtschaftlichen Wohlstandes und der Sicherung einer stabilen und friedlichen internationalen Ordnung weltweit beitragen. Diese hehre Zielsetzung der WTO ist am Ende der ersten Dekade des neuen Jahrtausends scheinbar in weite Ferne gerückt: Der Ruf nach Reform und Anpassung des Welthandelsregimes und der Welthandelsordnung insgesamt an neue Gegebenheiten wird lauter.[2]

Zunächst sei daran erinnert, dass die 1995 neugeschaffene Institution der WTO Erbin des ihr fürderhin eingegliederten *General Agreement on Tariffs and Trade* (GATT) ist, welches seit dem Jahre 1948 als provisorische Vertragsgrundlage – nicht als Internationale Organisation – für den Welthandel gedient hat.[3] Wiewohl diesem der institutionelle

---

[2] Beispielhaft seien folgende aktuelle Beiträge genannt: Thomas COTTIER: *Preparing For Structural Reform in the WTO;* in: http://www.wto.org/english/forums_e/public_forum_e/structural_reform_of_the_wto_cottier.pdf (aufgerufen am 16. August 2010). Uri DADUSH: *WTO Reform – The Time to Start is Now;* in: http://carnegieendowment.org/files/WTO_reform.pdf (aufgerufen am 16. August 2010). Aaditya MATTOO & Arvind SUBRAMANIAN: *From Doha to the Next Bretton Woods;* in: FOREIGN AFFAIRS 1/ 2009; S. 15-26. Valentin ZAHRNT: *Eine Prise Reformeifer für die WTO;* in: SÜDDEUTSCHE ZEITUNG 8. April 2009.

[3] Die eigentlich im Zusammenhang der internationalen institutionellen Neuordnungen nach dem Zweiten Weltkrieg geplante Internationale Handelsorganisation (ITO), die den Beschlüssen zur Regelung des Welthandels - der sogenannten Charta von Havanna - einen institutionellen Rahmen geben sollte, scheitert im Dezember 1950 am Widerstand des US-Kongresses. Das parallel zu den ITO-Beratungen ausgehandelte GATT-

Rahmen fehlt, gelingt es den Vertragsparteien den in der Präambel des GATT definierten Zielsetzungen schrittweise näher zu kommen, zu denen die Hebung des Lebensstandards, Vollbeschäftigung, ein stetig wachsendes Realeinkommen und Anwachsen der effektiven Nachfrage, sowie die Nutzung der weltweiten Rohstoffe und die Ausweitung der Güterproduktion und deren Austauschs zwischen den Vertragsparteien zählen.[4] Der Abbau von Handelsschranken bedeutet jedoch nicht, dass ein vollkommen freier Welthandel als Fernziel der Bemühungen fixiert wird. „This continues under the WTO. Thus, contrary to popular belief, the *formal* objective of the WTO is *not* free trade. Trade is a means to achieve the objectives listed in the Preamble, not an end in itself."[5]

Die Schaffung der WTO hebt die internationale Kooperation zur Regelung des Welthandels nach dem Ende des Ost-West-Konfliktes auf eine neue Ebene. Mit ihrer Gründung geben die Signatarsstaaten dem Welthandelsregime nicht nur die bislang fehlende institutionelle Struktur, sondern erweitern auch dessen Handlungsrahmen grundlegend.[6] Dem GATT-

---

Abkommen tritt zum 1. Januar 1948 provisorisch bis zu einer eventuellen Ratifikation der ITO in Kraft.
[4] Vgl. World Trade Organisation: *The General Agreement on Tariffs and Trade;* in:
http://www.wto.org/english/docs_e/legal_e/gatt47_e.pdf (aufgerufen am 16. August 2010).
[5] Bernard M. HOEKMAN & Petros C. MAVROIDIS: *The World Trade Organization – Law, economics, and politics;* Abingdon 2007; S. 14.
[6] Für eine detaillierte Analyse der diversen Aufgaben und Handlungsfelder der WTO siehe: HOEKMAN & MAVROIDIS 2007. Ebenfalls: Valentin ZAHRNT: Die Zukunft globalen

Abkommen werden zwei weitere hinzugefügt, die neben dem Güterhandel auch den Handel mit Dienstleistungen und die Problematik des geistigen Eigentums als Kern haben.[7]

Die WTO will damit nicht nur die Erfolgsgeschichte des GATT fortsetzen, in dessen Rahmen es einerseits im Laufe der Jahre effektiv gelungen ist den weltweiten Güterhandel zu liberalisieren und andererseits ein zuverlässiges System internationalen Rechts zu etablieren.[8] Die neue Vertragsgrundlage stellt vielmehr eine ambitionierte erweiterte Tagesordnung für das Welthandelsregime dar, mit neuen ihm zugedachten Wirkungsfeldern und daraus resultierenden komplexeren Aufgabenbereichen sowie Herausforderungen, die seinen Mitgliedern durch veränderte

---

Regierens – Herausforderungen und Reformen am Beispiel der WTO; Stuttgart 2005. Douglas A. IRWIN: Free Trade Under Fire; Princeton ²2005; S. 203-253.

[7] Das General Agreement on Trade in Services (GATS) im Dienstleistungsbereich und das Agreement on Trade-related Intellectual Property Rights (TRIPS) für Belange des geistigen Eigentums. Neben dieser thematischen Erweiterung ändert sich die Qualität der multilateralen Kooperation im Rahmen der WTO, wobei die Weiterentwicklung der Schiedsgerichtsbarkeit, des dispute settlement system, die wohl wichtigste Neuerung darstellt, da verschiedene Defizite dieses graduell gewachsenen Mechanismus so behoben werden und ein einmaliges System internationaler Streitschlichtung entsteht, das die WTO zur „most powerful international juridicial institution in the world" (JACKSON 2008) macht.

[8] Vgl. Martin WOLF: What the world needs from the multilateral trading system; in: Gary P. SAMPSON (Hrsg.): The Role of the World Trade Organization in Global Governance; New York 2001; S. 184f.

internationale Gegebenheiten und dem weiter fortschreitenden Phänomen der Globalisierung erwachsen.

> „Three trends go a significant way toward explaining the challenges now facing the WTO and the multilateral trading system: (1) the increasing participation of developing countries in the GATT and the WTO; (2) the growing attention of multilateral trade negotiators to barriers to trade behind national borders; and (3) the increasing influence both over the multilateral trade agenda and over the trade policies of key industrial countries of networks of civil society groups."[9]

Welthandelsexperten sind sich angesichts dieser Bewährungsproben einig, dass die WTO in vielerlei Hinsicht an den Erfolgen der Vergangenheit (Martin Wolf) leide, die bei ihren Mitgliedern und der Öffentlichkeit unrealistische Erwartungen und Einschätzungen ihres Potenzials, ihrer Handlungsfähigkeit und ihrer Belastbarkeit nähren. Erstmals sichtbar wird diese Problematik im Jahre 1999 beim WTO-Ministertreffen in Seattle, das unter dem lautstarken Protest radikaler Gegner des Welthandelsregimes, vor allem aber dem tiefgehenden Dissens der Mitgliedsstaaten über die Agenda einer neuen Welt-

---

[9] Peter D. SUTHERLAND, John SEWELL & David WEINER: Challenges facing the WTO and policies to address global governance; in: Gary P. SAMPSON (Hrsg.): The Role of the World Trade Organization in Global Governance; New York 2001; S. 85.

handelsrunde (*round of multilateral trade negotiations*) scheitert. Zwei Jahre darauf gelingt es die aktuelle Handelsrunde in Katars Hauptstadt Doha zu beginnen, deren Ziel nicht nur die Wiederherstellung der Glaubwürdigkeit der WTO, sondern auch ein greifbarer Fortschritt für die Position der Entwicklungsländer im Welthandel ist.[10] Das Bonmot des ehemaligen WTO-Generaldirektors Michael Moore, die WTO habe 144 Handbremsen, aber nur ein Gaspedal, das nur bei Konsens betätigt werden könne[11], ist im Rahmen dieser Verhandlungen schnell zur Realität geworden, als diese bereits kurz nach ihrer Lancierung ins Stocken geraten und bis dato nicht zu einem Abschluss gebracht sind.

Der ausbleibende durchschlagende Erfolg der „Doha-Runde" verstärkt indes den Krisendiskurs hinsichtlich der Zukunft der Welthandelsordnung, der bereits seit Seattle an Fahrt gewinnt und fortdauert, wie unter anderem die kontinuierlich wachsende wissenschaftliche Literatur zu dieser Thematik

---

[10] Daneben stehen sechs weitreichende Themen zur Verhandlung an: Liberalisierung der Landwirtschaft, Marktzugang nichtagrarischer Produkte, Dienstleistungen, die „Singapur Themen" (Transparenz, Handelserleichterungen, internationales Investment und Wettbewerbspolitik), Fragen zu geistigem Eigentum und entwicklungspolitische Fragen. Nähere Ausführungen zur Doha-Runde finden sich u. a. bei: Razeen SALLY: *Whither the world trading system? – Trade policy reform, the WTO and prospects for the New Round;* Braamfontein 2003.

[11] Vgl. Michael MOORE: *A World Without Walls – Freedom, Development, Free Trade and Global Governance;* Cambridge 2003; S. 110.

eindrücklich unter Beweis stellt.[12] Für manchen Beobachter hat die WTO gar ihren Zenit überschritten und das Vertrauen in ein internationales multilaterales Handelssystem verspielt.[13] Die internen und externen Kritikpunkte an der Funktionsweise und den Ergebnissen des Welthandelsregimes sind dabei mannigfach und je nach Gesinnung oftmals gegenläufig:[14]

> „First, the WTO's growing membership hinders expeditious decision-making versus WTO decision-making is undemocratic. Second, the North has dominated trade decision-making versus the North is providing inadequate leadership in the WTO. Third, the WTO is too

---

[12] Ausgewählte neuere Beispiele hierfür sind: Amir Ullah KHAN & Debashis CHAKRABORTY: The WTO Deadlocked – Understanding the Dynamics of International Trade; Neu Dehli 2008. Razeen SALLY: New Frontiers in Free Trade – Globalization's Future and Asia's Rising Role; Washington DC 2008. David A. DEESE: World Trade Politics – Power, Principles, and Leadership; Abingdon 2008. Eberhard BOHNE: The World Trade Organization – Institutional Development and Reform; Basingstoke 2010. Kent JONES: The Doha Blues – Institutional Crisis and Reform in the WTO; Oxford 2010.

[13] Rawi ABDELAL & Adam SEGAL: Has Globalization Passed Its Peak?; in: FOREIGN AFFAIRS 1/2007; S. 106.

[14] Die diskutierten Streitfragen lassen sich beliebig erweitern um Themen wie Umwelt, die Menschen- und Arbeitnehmerrechte, die Problematik der Unterstützung von Entwicklungsländern bei ihrer Integration in die Weltwirtschaft, die Rolle der WTO in der Globalisierung, die Globalisierung – wie auch immer sie von den diversen Gruppen definiert wird – im Allgemeinen und noch manches mehr.

powerful versus the WTO lacks authority to effectively perform its functions."[15]

Die Fülle der angesprochenen Fragen illustriert dabei repräsentativ das Dilemma aller internationalen bzw. regionalen Institutionen, die sich mit einer wachsenden Erwartungs– und Anspruchshaltung konfrontiert sehen, ohne die dafür notwendige strukturelle Konfiguration zu besitzen.[16]

Vor dem Hintergrund des offensichtlichen Reformbedarfs globaler multilateraler Kooperation ist besonders im Hinblick auf die Reformdebatten im Bezug auf das Welthandelsregime ein Festhalten an den Grundprämissen der in der unmittelbaren Nachkriegszeit festgelegten Funktionsweisen auffällig.[17] Selbige sind Ausdruck eines Kompromisses zwischen einer liberalen Weltwirtschaftsordnung einerseits und der angenommenen Notwendigkeit, deren Legitimität durch politische Korrekturmaßnahmen – sprich Interventionismus – in der nationalen Wirtschaftspoli-

---

[15] Theodore H. COHN: The World Trade Organization and Global Governance; in: Simon LEE & Stephen MCBRIDE (Hrsg.): Neo-Liberalism, State Power and Global Governance; Dordrecht 2007; S. 201.

[16] Vgl. Peter D. SUTHERLAND, John SEWELL & David WEINER: Challenges facing the WTO and policies to address global governance; in: Gary P. SAMPSON (Hrsg.): The Role of the World Trade Organization in Global Governance; New York 2001; S. 105f.

[17] Vgl. dazu beispielsweise die Beiträge in: Gary P. SAMPSON (Hrsg.): The WTO and Global Governance – Future Directions; New York 2008. Ebenfalls: BOHNE 2010.

tik zu sichern andererseits; kurz, dem sogenannten Prinzip des „embedded liberalism".[18]

Diese Annahmen spiegeln sich im Falle des Welthandelsregimes in theoretischer Hinsicht in der Zusammenführung zweier Strömungen der liberalen Schule der Internationalen Politischen Ökonomie (IPÖ) wider, die sich einerseits aus den Prämissen der neoklassischen *rational-choice*-Theorie der Wirtschaftswissenschaften und andererseits denen des neoliberalen Institutionalismus speisen.[19]

Gerade Vertreter letzterer in der IPÖ, wie John G. Ruggie oder Robert O. Keohane, betonen die der WTO inhärenten Prinzipien der *negotiated cooperation* zwischen den Vertragsparteien und der *reciprocity*, die gemeinsam das Herzstück des „liberalism from above" (Razeen Sally) bilden, der bis heute den Charakter des Welthandelsregimes ausmacht. Für die Befürworter dieser Vorgehensweise sind die genannten Prämissen im Interesse einer stabilen, das heißt wachstumsförderlichen und friedlichen Ordnung einer interdependenten Weltwirtschaft unerlässlich.[20]

---

[18] Nähere Ausführungen hierzu bei: John G. RUGGIE: *International Regimes, Transactions, and Change – Embedded Liberalism in the Postwar Economic Order;* in: INTERNATIONAL ORGANIZATION 2/1982; S. 379-415 (auch verfügbar unter: http://www.wto.org/english/forums_e/public_forum_e/ruggie_embedded_liberalism.pdf).
[19] Razeen SALLY: *Classical Liberalism and International Economic Order;* London 1998; S. 177-184.
[20] Vgl. dazu näher: Robert O. KEOHANE: After Hegemony – Cooperation and Discord in the World Political Economy; Princeton 1984. John G. RUGGIE (Hrsg.): Multilateralism

Der britische Politik- und Wirtschaftswissenschaftler Razeen Sally[21], der in der Tradition der britischen Ausprägung der IPÖ steht, stellt hingegen den beiden erwähnten liberalen Strömungen in seinem Werk „Classical Liberalism and International Economic Order" eine dritte gegenüber, den sogenannten *classical liberalism*. Damit greift er auf den klassischen Liberalismus der politischen Ökonomie zurück, wie er sich seit dem 18. Jahrhundert entwickelt hat. Seine klassisch-liberalen Prämissen der IPÖ finden damit ihren Ursprung in den klassischen Werken der britischen politischen Ökonomie des 18. Jahrhunderts, beispielhaft vertreten durch Adam Smith und David Hume. Sie haben ihre Fortsetzung bei Jacob Viner, Friedrich August von Hayek, Jan Tumlir aber auch den Vertretern des deutschen Ordoliberalismus. Selbstredend sind diese Beiträge zur IPÖ vor dem Hintergrund der größeren ideengeschichtlichen Entwicklung des klassischen Liberalismus zu betrachten, wie dieser seit dem 17. Jahrhundert – vor allem

---

Matters – The Theory and Praxis of an Institutional Form; New York 1993.

[21] Dr. Razeen Sally ist Direktor des European Centre for International Political Economy (ECIPE) in Brüssel und seit 1993 Dozent an der London School of Economics and Political Science. Desweiteren ist Sally Senior Research Associate am South African Institute of International Affairs in Johannesburg. In den vergangenen Jahren war er Gastprofessor am Institut d'Etudes Politiques de Paris, Senior Visiting Research Fellow am Institute of Southeast Asian Studies in Singapur und Direktor für Handelspolitik am Commonwealth Business Council in London. Er ist Mitglied des Academic Advisory Council des Institute of Economic Affairs in London und des Advisory Board des Cato Centre for Trade Policy Studies in Washington D.C.

durch die Philosophie John Lockes – gewachsen ist. Diese theoretischen Fundamente bilden die Grundlage der 2008 veröffentlichten Fundamentalkritik Razeen Sallys an den Funktions- und Herangehensweisen des bestehenden Welthandelsregimes, genauso wie für seine darin vorgebrachten Vorschläge einer grundsätzlichen Neuorientierung der Welthandelsordnung im Sinne der Verwirklichung eines der WTO bis dato fremden Zieles: des Freihandelsgedankens im Sinne des klassischen Liberalismus.[22]

Die vorliegende Untersuchung verfolgt vor diesem Hintergrund ein doppeltes Erkenntnisinteresse: Zunächst soll in die ideengeschichtlich-theoretische Ausgangsprämisse der Arbeiten Razeen Sallys – den klassischen Liberalismus in der politischen Ökonomie – Einblick gewonnen werden, damit in einem zweiten Schritt die daraus folgenden Anmerkungen und Vorschläge Sallys zur Zukunft des Welthandels, wie er sie in seinem Werk „New Frontiers in Free Trade" darstellt, erläutert und eingeordnet werden können. Angesichts der konstatierten Krise der multilateralen Welthandelsordnung stellt sich im Rahmen dieser Betrachtungen die Frage, inwieweit der von Sally verfochtene klassisch-liberale Freihandelsgedanke britischer Provenienz einen Weg in die Zukunft für das liberale System des Welthandels bieten kann.

In einem ersten Kapitel wird in diesem Sinne auf die Grundlagen des klassischen Liberalismus eingegangen, die oftmals dargestellt wird als „an anachronism, an intellectual *curiosum* of the past, too

---

[22] Vgl. SALLY 2008; S. 2.

minimalist and *simpliste* to be of relevance to the awesomely complex world of today."[23] Daran anschließend erscheint es notwendig auf die historische Entwicklung der Etablierung des *classical liberalism* zurückzugreifen, wie er im Vereinigten Königreich des 18. Jahrhunderts entsteht und im Laufe der Jahre die dominierende politikökonomische Kraft des Britischen Weltreiches wird. Der bereits erwähnte *embedded liberalism* stellt den Abschluss der Ausführungen des ersten Kapitels dar, insofern dieser Paradigmenwechsel entscheidend für das Verständnis des heutigen Welthandelssystems und der Kritik Sallys an selbigem ist.

Das zweite Kapitel thematisiert zunächst die Unzulänglichkeiten des multilateralen Welthandels zu Beginn des 21. Jahrhunderts aus der Sicht Razeen Sallys, um im Anschluss einerseits seine Reformvorschläge für das Welthandelsregime, sprich die WTO, und danach sein klassisch-liberal geprägtes Konzept für die Zukunft der Welthandelsordnung zu skizzieren. Im Fazit sollen abschließend die Besonderheiten der Argumentation Sallys noch einmal unterstrichen sowie ihr Potenzial für die Zukunft des multilateralen Welthandels hinterfragt werden.

---

[23] Razeen SALLY: New Frontiers in Free Trade – Globalization's Future and Asia's Rising Role; Washington DC 2008; S. 178.

I. Die Grundlagen des klassisch-liberalen Konzeptes des Welthandels

Die IPÖ ist eine erst im Laufe der 1960er Jahre konsequent vorangetriebene Disziplin der IB, die sich seither jedoch nachhaltig etabliert hat. Sie verbindet sozialwissenschaftliche – namentlich politikwissenschaftliche – Expertise mit wirtschaftswissenschaftlichen Analysen. Ihre theoretischen Richtungen unterteilen sich in die liberale, die realistische und die marxistische Schule, wobei diese sich erneut in verschiedene Strömungen gliedern lassen. Heute wird besonders auf die Bedeutung des Unterschiedes zwischen der US-amerikanischen und der britischen Tradition der IPÖ verwiesen, wobei erstere stark positivistisch, letztere eher hermeneutisch geprägt ist.[24]

Wie einleitend bereits erwähnt, besteht Razeen Sallys Neuerung in der IPÖ darin, den *classical liberalism* als eine dritte Strömung ihrer liberalen Schule zu identifizieren, umfassend historisch-theoretisch aufzuarbeiten und ihre Aussagekraft für aktuelle Fragestellungen der IPÖ wieder ins Gedächtnis der Wissenschaft zu rufen, die den klassischen Liberalismus seit Ende des 19. Jahrhunderts – mit ehrenwerten Ausnahmen wie Ludwig von Mises und Friedrich August von Hayek – lange Zeit vernachläs-

---

23 Eine detaillierte Darstellung der IPÖ findet sich bei: John RAVENHILL: Global Political Economy; Oxford 2005.
Benjamin COHEN: International Political Economy – An Intellectual History; Princeton 2008.

sigt hat. Gleichzeitig will er den klassischen Liberalismus von anderen liberalen Strömungen in der Theorie der IB klar abgrenzen, allen voran dem neoliberalen Institutionalismus, aber auch Entwicklungen wie des Neuen Liberalismus.[25]

> „At a time when there is so much background noise, popular and otherwise, on the state of the international economic order (…), it is high time, with the aid of Hume, Smith, Viner, Röpke, Tumlir and others, to reconstruct and set out a classical liberal perspective on international economic order. To be worth the effort, the latter should have a distinctive message and strike a different note to the conventional 'liberal' treatments of the same subject."[26]

Dem theoretisch-wissenschaftlichen Interesse ordnet Sally also das Ziel bei, der klassische Liberalismus solle als alternativer Handlungsleitfaden – oder in seinen Worten, als „searchlight on modern policy" – in den heutigen Herausforderungen der internationalen Wirtschaftsordnung dienen. Nicht zuletzt geht es

---

[25] Siehe zur Thematik des neoliberalen Institutionalismus: Arthur A. STEIN: *Neoliberal Institutionalism;* in: Christian REUS-SMIT & Duncan SNIDAL (Hrsg.): *The Oxford Handbook of International Relations;* Oxford 2008; S. 201-221. Zur Thematik des Neuen Liberalismus in den IB: Siegfried SCHIEDER: *Neuer Liberalismus;* in: Siegfried SCHIEDER & Manuela SPINDLER (Hrsg.): *Theorien der Internationalen Beziehungen;* Opladen ²2006; S. 175-212.
[26] SALLY 1998; S. 5.

ihm dabei aber auch um einen Beitrag zur ewig jungen normativen Frage nach der besten politischen und ökonomischen Ordnung einer Gesellschaft.

Das vorliegende erste Kapitel wird daher zunächst den Spuren des klassischen Liberalismus in der politischen Ökonomie folgen um in einem zweiten Abschnitt zu skizzieren, wie diese Annahmen zur Grundlage für das Wirtschaftssystem des Britischen Weltreiches im 19. Jahrhundert werden konnten, welches als idealtypische Ausformung dieser Überzeugungen gelten kann. Abschließend soll der Niedergang des Einflusses des *classical liberalism* und der Aufstieg einer neuen dominierenden Grundprämisse der Weltwirtschaftsordnung dargestellt werden.

1. Die Grundannahmen des klassischen Liberalismus in der politischen Ökonomie

Am Beginn der vorliegenden Ausführungen sei bemerkt, dass bei der Betrachtung der Grundannahmen des *classical liberalism* zu beachten ist, dass seine schottischen Vordenker bei ihren Überlegungen zu allererst die nationale politische Ökonomie und Ordnung im Sinn gehabt haben. Das Verständnis selbiger ist aber in klassisch-liberaler Sicht unabdingbar für Rückschlüsse auf die internationale Ordnung, die am Ende dieser Ausführungen kurz dargestellt werden sollen. Der klassische Liberalismus muss desweiteren stets im Vergleich zu den späteren

Ausprägungen des Liberalismus gesehen werden, da er teils gerade in seinem Gegensatz zu diesen an Bedeutung und Erklärungspotenzial gewinnt.[27]

Im Folgenden wird versucht den wichtigsten Grundprämissen des klassischen Liberalismus[28] nachzugehen, wobei zunächst auf dessen Herzstück eingegangen wird, die alles überstrahlende Betonung, die er der Freiheit des Individuums zumisst:

> „At bottom, what distinguishes from all others that form of societal order which classical liberals maintain best for all human beings is the magnitude of the measure of liberty which it accords its sane adult members. This form of polity uniquely grants them the liberty to do whatever they want, provided no one but, at most, themselves is harmed by their doing it."[29]

---

[27] Einen umfassenden Vergleich zwischen klassischem Liberalismus und neueren liberalen Strömungen bietet: David A. CONWAY: *Classical Liberalism – The Unvanquished Ideal;* Basingstoke 1998.

[28] Die Ausführungen dieses Unterkapitels basieren in gleichem Maß auf den Erläuterungen Razeen Sallys im zweiten Kapitel seines Grundlagenwerkes über den *classical liberalism,* auf der Lektüre ausgewählter Klassiker dieser Denkschule und der konzisen zusammenfassenden Darstellung der wichtigsten Elemente der Philosophie des klassischen Liberalismus bei: Edwin van de HAAR: *Classical Liberalism and International Relations Theory – Hume, Smith, Mises, and Hayek;* Basingstoke 2009; S. 17-40.

[29] CONWAY 1998; S. 8.

Adam Smith nennt dieses Konzept „natürliche Freiheit" – *natural liberty*.[30] Dieser negativ verstandene Freiheitsbegriff (in Anlehnung an Isaiah Berlin) des klassischen Liberalismus legt zugleich einen Schwerpunkt auf die Sicherung der *rule of law,* die unabdingbar erscheint, um zu garantieren, dass das Tun des Einen dem anderen und sich selbst nicht schade.[31] Bedeutsam ist dieses Prinzip besonders im wirtschaftlichen Bereich, wenn es die Produktion und den Konsum der freien Diskretion des Einzelnen überlässt. Der Schutz des Privateigentums ist umgekehrt die Voraussetzung dieses Prinzips.[32]

> „Hence the normative core of classical liberalism is the approbation of economic freedom or *laissez faire* – Adam Smith's 'obvious and simple system of natural liberty' – out of which spontaneously emerges a vast and intricate system of cooperation in exchanging goods and services."[33]

Entscheidend hierbei ist, dass das ökonomische System nicht losgelöst von anderen gesellschaftlichen Systemen betrachtet werden kann, wie das in der neoklassischen Wirtschaftswissenschaft der Fall ist, sondern dass zwischen der politischen, wirtschaftli-

---

[30] Vgl. Adam SMITH: *Reichtum der Nationen;* Paderborn 2004; S. 707f.
[31] Eine ausführliche Erläuterung dieses Prinzips findet sich bei: Friedrich August von HAYEK: *The Constitution of Liberty;* Abingdon 2006; S. 11-20.
[32] Vgl. dazu auch: Ludwig von MISES: *Liberalism – The Classical Tradition;* Indianapolis 2005; S. 14f.
[33] SALLY 1998; S. 17.

chen und rechtlichen Sphäre der Gesellschaft ein interdependenter Zusammenhang besteht.[34]

Dabei unterscheidet sich der klassische Liberalismus also durch seine „Smithian methodology" grundlegend von der neoklassischen „Ricardian methodology".[35] Besonders deutlich wird dies einerseits in der Zurückweisung des als realitätsfremd aufgefassten neoklassischen Postulats des *homo oeconomicus* durch den klassischen Liberalismus, der ein komplexeres, realitätsnahes und zugleich in der Tendenz hobbesianisches Menschenbild vertritt.

> „Classical liberals do not idealize man or human nature. They have a realistic view of human's abilities and powers; he or she is seen as governed by interplay of passion and reason. Men's intellectual capabilities are not omnipotent; he often makes mistakes or fails to make proper expectations about the future."[36]

Andererseits wird das neoklassische Konzept des *perfect knowledge* – umfassenden Wissens – im Rahmen wirtschaftlicher Aktivitäten zurückgewiesen und vielmehr auf das nur partielle Wissen – oder besser die von Hayek postulierte *constitutional ignorance* – des Individuums im täglichen Wirt-

---

[34] Vgl. dazu auch: Walter EUCKEN: *Grundsätze der Wirtschaftspolitik;* Tübingen [7]2004; S. 332f.
[35] Vgl. SALLY 1998; S. 18.
[36] HAAR 2009; S. 20.

schaftsprozess aufmerksam gemacht. Gerade die freie Marktwirtschaft erlaubt in dieser Sicht dem Einzelnen sein beschränktes Wissen wirtschaftlich nutzbar zu machen, wobei ihm allgemeine Regeln und besonders der Preis helfen, individuelle, seiner Situation angepassten Entscheidungen auf dem Markt zu treffen. Diese sind dabei immer in gewisser Weise experimenteller Natur und durch einen konstanten Prozess der Erfahrungssammlung (*experimentation*) gekennzeichnet.[37] Der Markt ist daher nie statisch im Gleichgewicht, sondern stets dynamisch, sich durch individuelle Entscheidungen verändernd und weiterentwickelnd. Diese Aspekte verdeutlichen den grundlegenden Unterschied des klassischen Liberalismus zur neoklassischen Wirtschaftswissenschaft. Ihren abstrakten theoretischen Annahmen über die Natur des Marktes und des Menschen stellt der klassische Liberalismus eine pragmatische und ergebnisorientierte Methode des Vergleichs verschiedener Entscheidungen und ihrer Auswirkungen im Markt gegenüber, woraus Schlüsse für künftiges Handeln gezogen werden. Aus diesen Erfahrungswerten entstehen letztlich neue Regeln des Handelns auf dem Markt, die künftige Entscheidungen prägen.[38]

Ein weiterer wichtiger Aspekt des klassischen Liberalismus ist seine Ablehnung der Annahme, der Mensch sei in der Lage, die soziale Ordnung in all ihren Facetten selbst zu schaffen, wie dies in Tradition der französischen Aufklärung postuliert wird. Diese seien vielmehr ein zufälliges Nebenprodukt (*uninten-*

---

[37] Vgl. HAYEK 2006; S. 21ff.
[38] Vgl. SALLY 1998 ; S. 21.

ded by-product) menschlicher Interaktion, da der Mensch an sich – aus der Sicht der schottischen Aufklärer – nicht in der Lage sei die komplexen sozialen Prozesse zu erfassen, geschweige denn ordnen zu können.[39] Soziale Ordnungen sind damit sich durch Erfahrung ausdifferenzierende spontane Ordnungen (*spontaneous orders*) gesellschaftlicher Aktivität, wobei der Markt die bedeutendste unter ihnen ist.[40]

> „This is precisely the connotation of the Invisible Hand in The Wealth of Nations: man's self-interested activity, free of artificial restraints [d. h. unnötiger staatlicher Eingriffe; Anmerkung des Autors] and within the framework of the law, conduces to the public good as an unintended by-product of human action – 'an end which was no part of his intention'."[41]

Angesichts dieser evolutiven Sichtweise *qua* Erkenntnisgewinn verwundert es nicht, dass der klassische Liberalismus den ordnungsbewahrenden, den Erkenntnisprozess förderlichen Mitteln der Gewohnheit, der Konventionen, der Sitten und Traditionen eine große Bedeutung beim Erhalt einer freiheitlichen Gesellschaftsordnung zuweist und sich gegen jedweden revolutionären Wandel in Verbindung mit sozialkonstruktivistischen Vorstellungen wendet.[42]

---

[39] Vgl. HAYEK 2006; S. 51f.
[40] Siehe dazu auch: EUCKEN 72004; S. 372ff.
[41] SALLY 1998; S. 22.
[42] Vgl. HAYEK 2006; S. 49-62.

„Conventions carry the wisdom and experience of ages, but continue to adapt to new circumstances. More than positive law or any other product of human reason, morals, traditions and conventions are seen as the necessary conditions for lasting progress. Societal institutions that ensure the development and the maintenance of shared morals (…) are therefore praised by classical liberals."[43]

Diese Haltung kann durchaus in Konnex zur allgemeinen historischen und ideengeschichtlichen Entwicklung des britischen politischen Systems, aber auch in Verbindung mit der Entstehung liberalkonservativen Gedankenguts in Großbritannien seit Edmund Burke betrachtet werden.[44]

Der klassische Liberalismus kombiniert damit bei seiner Analyse der gesellschaftlichen Ordnungen sowohl positivistische als auch normative Elemente und befasst sich letztendlich stets mit der Frage, wie diese angemessen und „gut" zu gestalten seien. Für diesen Zweck bevorzugen Adam Smith, David Hume und ihre Nachfolger den Markt, weil er aus ihrer Sicht der größtmöglichen Zahl an Individuen, besonders den Armen, den größtmöglichen Nutzen bringt. Die

---

[43] HAAR 2009; S. 28.
[44] Die Debatte inwieweit der klassische Liberalismus mit dem Liberalkonservativismus in Verbindung steht, wird seit geraumer Zeit geführt, einen umfassenden Beitrag dazu liefert: Dwight D. MURPHY: *Burkean conservatism and classical liberalism;* Lanham 1982.

Entscheidungen des Individuums im Marktprozess dienen zwar zunächst nur seinen eigenen Interessen, im Endeffekt nutzt sein Handeln aber allen (Stichwort der *public utility* bei Hume):

> „Verfolgt er sein eigenes Interesse, so befördert er das der Nation weit wirksamer, als wenn er dieses wirklich zu befördern die Absicht hätte. (…) Welche Gattung des einheimischen Gewerbfleißes er mit seinem Kapitale in Gang bringen kann und bei welcher das Produkt den größten Wert zu haben verspricht, das kann offenbar jeder einzelne Mensch in seiner besonderen Lage weit besser beurteilen, als es ein Staatsmann oder Gesetzgeber für ihn tun könnte."[45]

Das Prinzip der *individual choice* – der freien Wahlmöglichkeit – garantiert so gesehen die Schaffung größeren wirtschaftlichen Wohlstandes als wenn individuelle Entscheidungen durch Einmischung des Staates präjudiziert werden. Das zugrunde liegende Staatsverständnis der schottischen Aufklärer wird daher durch seine prägende Funktion für das wirtschaftliche und politische System in der Folge noch näher zu betrachten sein.

Neben den moralphilosophischen und politikökonomischen Betrachtungen spielt bei den klassisch-liberalen Autoren das rechtliche Fundament ihres Konzeptes eine entscheidende Rolle, wie schon die

---

[45] SMITH 2004; S. 458.

eingangs genannte Betonung der *rule of law* zeigt.[46] Anders als von mancher Seite propagiert, verficht der klassische Liberalismus gerade nicht das Ziel der Schaffung eines „Nachtwächterstaates" oder einer vollkommen deregulierten Wirtschaft. „It readily acknowledges that there is a very imperfect harmony between self-interest and the public good, with plenty of potential for conflict between groups, and between individual and general interests."[47] Es geht daher vielmehr darum, Freiheit unter dem Gesetz zu sichern und somit einen Rahmen für wirtschaftliches Agieren zu schaffen, der eine Vermittlung zwischen individuellen Interessen erlaubt.[48] Dies meint allerdings zunächst nur allgemeingültige Verhaltensregeln, die das gesellschaftliche Zusammenleben ermöglichen. Der Bedarf hierfür ergibt sich aus der pessimistischen Grundhaltung, wie bei Smith und Hume, was Konzepte gesellschaftlicher Solidarität oder christlicher Nächstenliebe anbelangt, die in einer ausdifferenzierten und bevölkerungsreichen Gesellschaft als unwahrscheinlich angesehen werden und zudem ein willkürlich distributives Eingreifen des Staates notwendig machen würden.[49]

Diese Verhaltensregeln sollen also gerade auch die Möglichkeiten des Staates limitieren, dessen primäre Aufgabe in klassischer-liberaler Sicht darin besteht „Ordnungspolitik" (Walter Eucken) zu

---

[46] Siehe dazu besonders auch: HAYEK 2006; S. 180-218.
[47] SALLY 1998; S. 26.
[48] Vgl. EUCKEN [4]2007; S. 355-368.
[49] Zur Einschätzung des staatlichen Interventionismus in klassisch-liberaler Sicht, siehe bsp.: HAYEK 2006; S. 219ff. Und MISES 2005; S. 46-58.

betreiben und den rechtlichen Rahmen zur Sicherung des freien Marktes zu garantieren. Der Staat ist somit nicht in der Lage die Marktprozesse in ihrer Komplexität zu erfassen, geschweige denn im Sinne des Allgemeinwohls zu steuern (Postulat des Regierungsversagens – *government failure*).[50] Der klassische Liberalismus folgt bis heute Adam Smith, der der Regierung nur drei Aufgaben zuweist, die aber zugleich weit über die Auffassung eines „Nachtwächterstaates" hinausgehen. Sie stehen vielmehr für das Grundprinzip der „limited government" – der *qua* Gesetz im Interesse der Freiheit des Individuums beschränkten Regierung:[51]

> „Nach dem System der natürlichen Freiheit hat die Staatsregierung nur noch drei Pflichten zu beobachten (…). Die erste ist die Pflicht, die Nation gegen die Gewalttätigkeiten und Angriffe anderer unabhängiger Nationen zu schützen; die zweite Pflicht, jedes einzelne Glied der Nation gegen Ungerechtigkeit oder Unterdrückung jedes anderen Gliedes derselben so viel als möglich zu schützen (…); die dritte Pflicht endlich ist die, gewisse öffentliche Werke und Anstalten zu errichten und zu unterhalten, deren Errichtung und Unterhal-

---

[50] Vgl. EUCKEN ⁷2004; S. 254ff.
[51] „Wenn Individuen frei sein sollen, dann müssen sie geschützt werden – und zwar sowohl von – als auch vor – dem Staat. (…) Freiheit bedeutet Schutz durch den Staat auch vor dem Staat." (in: Martin WOLF: *Märkte, Demokratie, Frieden;* in: INTERNATIONALE POLITIK 3/2005; S. 6-16.) Siehe dazu auch: MISES 2005; S. 30ff.

tung niemals in dem Interesse eines Privatmannes (...) liegen kann."⁵²

Die skizzierten Prämissen des Erkenntnisgewinns im Marktprozess – also des evolutiven Modells – und der spontanen Ordnung lassen sich in theoretischer Hinsicht auf die zwischenstaatliche Ebene übertragen, wie es bereits Smith getan hat und seither von klassisch-liberalen Autoren immer wieder verfolgt worden ist. In diesem Sinne trägt der Freihandelsgedanke als Kernannahme des klassischen Liberalismus auf internationaler Ebene *qua* des damit verbundenen internationalen Wettbewerbs umgekehrt wieder zu den inländischen Erkenntnisprozessen positiv bei und forciert diese, wodurch über die Zeit vorteilhafte wirtschaftliche Entwicklungen einsetzen und die allgemeine nationale Wohlfahrt aller Beteiligten steigt. Freihandel steht in dieser Hinsicht also in Verbindung mit der graduellen Verbesserung nationaler politischer und wirtschaftlicher Institutionen und Abläufe: Er ist daher als Prozess zu betrachten, der durch den Erkenntnisgewinn auf internationaler und der Reform auf nationaler Ebene die Grundlage für langfristigen gesamtgesellschaftlichen wirtschaftlichen Fortschritt bildet. Freihandel ist somit das Pendant auf internationaler Ebene zu einer freien Marktwirtschaft im Inland: Beide bedingen sich gegenseitig bei der Erreichung des Zieles der politischen und wirtschaftlichen Wohlfahrt.

---

[52] SMITH 2004; S. 708.

> „International competition, unlike the political construct of negotiated intergovernmental cooperation, is part and parcel of the international spontaneous market order. Competition among governments is an ‚invisible hand', spontaneous, open-ended process whose outcomes are the unpredictable by-products of countless individual, corporate and political actions."[53]

Anders als der neoliberale Institutionalismus, der die globale Wirtschaftsordnung als intergouvernemental ausgehandelte Kooperation auffasst, konzentriert sich also der klassische Liberalismus auf die *nationalen* Voraussetzungen der internationalen Ordnung, sprich die nationale Gesetzgebung und Politik. Es geht hierbei demnach nicht um *global governance,* sondern zunächst um *national governance,* die bei entsprechender Ausrichtung positive Auswirkungen auf internationaler Ebene entfalten kann.[54] Dies gilt besonders im Hinblick auf eine Stabilisierung der internationalen Wirtschaftsordnung und damit die Schaffung einer friedlichen Koexistenz zwischen den Staaten.[55]

Somit sorgt wirtschaftlicher Protektionismus im Umkehrschluss dafür, dass einzelne Interessengruppen im Inland über Gebühr an Einfluss gewinnen können, die Gefahr von Gegenmaßnahmen anderer

---

[53] SALLY 1998; S. 202.
[54] Vgl. Wilhelm RÖPKE: *Internationale Ordnung – heute;* Erlenbach/Stuttgart ²1954; S. 27.
[55] Vgl. MISES 2005; S. 76.

Staaten steigt und die Regierung – ganz grundsätzlich –, genau wie im Falle der nationalen Wirtschaftspolitik mit der Steuerung internationaler Abläufe überfordert ist und mit diesen der Wirtschaft mehr schadet als nutzt (ein Umstand, der angesichts der wachsenden Komplexität der Weltwirtschaft noch zunimmt).

Aus dieser pessimistisch-realistischen Sicht des klassischen Liberalismus und seiner Annahme des Versagens von Regierungen bei der Steuerung komplexer Ordnungsprozesse jedweder Art ist die Idee einer „Weltregierung" oder einer umfassenden regionalen Supranationalisierung kritisch zu betrachten.[56] Für seine Vordenker bleibt bei allen Tendenzen der Internationalisierung und Globalisierung der Nationalstaat die entscheidende politische Größe des internationalen Systems, der nach wie vor die für die genannten Prozesse relevanten Entscheidungen (im Sinne des *individual choice* Gedankens) trifft.[57]

> „Classical economists viewed a liberal international economic order as a by-product of an appropriate institutional framework, or proper constitutional observance, within the nation-state. (...) The classical liberal perspective of international economic order is happiest with

---

[56] Siehe dazu bsp.: Friedrich August von HAYEK: *The Road to Serfdom;* Abingdon 2008; S. 238f. Und: MISES 2005; S. 108ff. RÖPKE ²1954; S. 306ff.
[57] Eine detaillierte Analyse der Rolle des Nationalstaates in der Philosophie des klassischen Liberalismus bietet: David A. CONWAY: *In Defence of the Realm – The Place of Nations in Classical Liberalism;* Aldershot 2004.

the juxtaposition of increasing cross-border economic interdependence *and* international political system of sovereign nation-states."[58]

Angesichts des normativen Zieles einer liberalen, stabilen und friedlichen internationalen Ordnung geht es dem klassischen Liberalismus um die Schaffung einer förderlichen Grundlage, die in dieser Sichtweise nur durch entsprechende liberale Strukturen auf nationalstaatlicher Ebene und durch die Vorbildfunktion einzelner erfolgreicher liberaler Staaten im internationalen Wettbewerb zu schaffen ist, wie das im 19. Jahrhundert im Falle des Vereinigten Königreiches und nach dem Zweiten Weltkrieg im Falle Westdeutschlands gewesen ist. Razeen Sally nennt dieses *bottom-up*-Konzept „liberalism from below"[59], der insofern das Rückgrat des klassisch-liberalen Freihandelsgedanken ist. Hierin liegt der Ursprung der Befürwortung unilateraler Initiative bei wirtschaftlichen und handelspolitischen Liberalisierungsbemühungen, sowie adäquater Reformen hin zum Ideal der *limited government*, die die Grundlage für wirtschaftlichen Erfolg der einzelnen Staaten schaffen, die damit zur Wohlfahrt aller Staaten beitragen und somit eine stabile liberale internationale Ordnung ermöglichen, wie das unter den Bedingungen der *Pax Britannica* zur Realität geworden ist.

---

[58] SALLY 1998; S. 193f.
[59] SALLY 1998; S. 183.

2. Die Vorbildrolle des Vereinigten Königreiches im Welthandel

Nach der Darstellung der Grundlagen des klassischen Liberalismus soll im folgenden Abschnitt das Augenmerk auf der ersten konkreten Ausformung der Vorstellungen der politischen Ökonomie der schottischen Vordenker liegen. Wie kann sich das postulierte Quartett aus individueller Freiheit, offenen Märkten, *limited government* und unilateraler Initiative in Liberalisierung und Freihandel, also das Ideal des klassischen Liberalismus für die nationale und internationale Wirtschaftsordnung im Vereinigten Königreich des 19. Jahrhunderts durchsetzen? Hierzu erscheint eine kurze Betrachtung der Entwicklung des Freihandelsgedankens von Nöten und wie dieser sich in seiner Smithschen Ausprägung seit 1776 schrittweise in Großbritannien gegen merkantilistisch-protektionistische Überzeugungen in der Wirtschaftspolitik durchzusetzen vermag.

Wiewohl der Freihandel als Konzept des internationalen wirtschaftlichen Austausches bereits seit der Antike diskutiert und er seit dem Beginn der Neuzeit von Naturrechtstheoretikern als Teil des *ius gentium* betrachtet wird, bleibt er nichts mehr als ein theoretisches Konstrukt, das im Wirtschaftsalltag und im Handel zwischen Staaten als eigentlich unbrauchbar betrachtet wird.[60] Die zwei Jahrhunderte vor

---

60 Nähere Ausführungen zum Freihandel in vormerkantilistischer Zeit zwischen Antike und Früher Neuzeit finden sich bei:

Adam Smith werden in Europa vom Merkantilismus bestimmt, der im Rahmen der entstehenden Nationalstaaten an Bedeutung gewinnt: Handelspolitik solle dem Wohl des Staates dienen und unliebsame internationale Konkurrenz vermieden werden.

Obwohl Generationen von Wirtschaftswissenschaftlern seit dem 17. Jahrhundert nicht müde werden die verschiedenen Prämissen des Merkantilismus infrage zu stellen und zu widerlegen, haben sie bis in die Gegenwart kaum an ideologischer Überzeugungskraft eingebüßt und sind bis heute selbst in liberalen Wirtschaftskreisen präsent. Die Grundprämissen des Merkantilismus sind dabei die Anhäufung von Edelmetallen, eine positive Handelsbilanz, die Förderung von unterentwickelten Wirtschaftszweigen, der Glaube an ein internationales Nullsummenspiel in der Wirtschaft und der Erhalt der innenpolitischen Stabilität.[61] Mit dem Siegeszug des Merkantilismus ist aber vor allem in England, Schottland und Frankreich eine zunehmende kritische Auseinandersetzung mit dem Sujet verbunden, die viele Elemente der späteren Überlegungen Smiths bereits vorwegnimmt, aber keine Breitenwirkung entfalten kann.[62]

Erst die Rezeption der französischen Physiokraten durch die englische und schottische Moralphilosophie bei Philosophen wie Francis Hutcheson und Josiah Tucker, sowie die Vorarbeiten Adam Fergusons und David Humes ebnen Adam Smith den Weg, der

---

Douglas A. IRWIN: *Against the Tide – An Intellectual History of Free Trade;* Princeton 1998; S. 11-25.

[61] Vgl. SALLY 2008; S. 7. Ebenfalls: IRWIN 1998; S. 26-44.

[62] Vgl. IRWIN 1998; S. 62f.

im Jahre 1776 mit seinem Werk „An Inquiry into the Nature and Causes of the Wealth of Nations" und besonders dem darin enthaltenen Abschnitt zur politischen Ökonomie einen wirtschaftspolitischen Paradigmenwechsel einläutet. „He achieved what others before him had failed to do: present a systematic, coherent framework for thinking about the economics of trade policy."[63] Er legt damit das Fundament für eine grundlegende Veränderung der nationalen und vor allem auch der internationalen Wirtschaftsordnung, wenn er im vierten Buch seines damals revolutionären Grundlagenwerkes eine umfassende Argumentation zugunsten des Freihandels vorlegt.[64]

Sowohl Smith als auch Hume präsentieren in ihren Werken einen Fundamentalangriff auf den Merkantilismus ihrer Zeit, sowie auf Protektionismus und Interventionismus jedweder Sorte. Besonderes Augenmerk widmen sie aber der aus ihrer Sicht grundfalschen Annahme eines Nullsummenspiels im internationalen Handel.

> „Indes haben sich die Völker durch solche Maximen zu dem Glauben verleiten lassen, ihr Interesse bestehe darin, alle ihre Nachbarn zu machen. Jede Nation ist dahin gebracht worden, das Glück aller anderen Nationen, mit denen sie Handel treibt, mit neidischen Augen

---

[63] IRWIN 1998; S. 75.
[64] Eine detailreiche Analyse der Entwicklung der politischen Ökonomie Smiths und Humes findet sich bei: SALLY 1998; S. 35-63. Ebenfalls: IRWIN 1998; S. 75-86.

anzusehen und den Gewinn derselben für einen Verlust zu halten, den sie selbst erleidet. Der Handel, der seiner Natur nach unter Völkern wie unter Menschen ein Band der Freundschaft und Eintracht sein sollte, ist die reichste Quelle der Zwietracht und des Hasses geworden."[65]

Wie bereits erwähnt, spielen für Smith und Hume die dynamischen Aspekte des Marktes und des internationalen Austauschs sowie deren langfristige positive Wirkungen für den Fortschritt einer Gesellschaft, egal ob das im Rahmen von Technologietransfers, einer effizienteren Arbeitsteilung oder größerer Märkte der Fall ist, eine wichtige Rolle.

„Over time, this interaction between institutions and external openness leads to capital accumulation, investment, entrepreneurship, and the diversification of a growing economy. (…) His was a model of an open-ended, dynamic, institution-rich economy."[66]

Internationale Konkurrenz und Nachfrage trägt in diesem Verständnis zu einer schrittweisen Verbesserung nationaler Institutionen bei, was Smiths Freihandelsgedanken für alle Staaten gleich welchen

---

[65] SMITH 2004; S. 499.
[66] SALLY 2008; S. 12.

Entwicklungsstandes nützlich macht und unter anderem bis heute seine Relevanz ausmacht.[67]

Gegen Ende des 18. Jahrhunderts hat sich Adam Smiths Freihandelskonzept mit David Humes dazugehörigen Anmerkungen[68] als die grundlegende theoretische Schule der politischen Ökonomie des Vereinigten Königreiches etabliert. Die Politik des Landes – wie auch anderer europäischer Staaten – ist jedoch nach wie vor im Wesentlichen protektionistisch geprägt, wenn man auch seit geraumer Zeit eine Tendenz hin zu freierem Handel konstatieren kann.[69] Eine Evolution, die mit Smiths Werk an Fahrt gewinnt, durch die Französische Revolution und die Napoleonischen Kriege aber erneut verlangsamt wird.

In der ersten Hälfte des 19. Jahrhunderts fügt die neoklassische Wirtschaftswissenschaft um Robert Torrens, David Ricardo und John Stuart Mill dem Freihandelsgedanken wichtige theoretische Aspekte hinzu, wie den von Smith vernachlässigten komparativen Kostenvorteil. Politisch brisant sind diese Überlegungen und die nachdrückliche Verfechtung des Freihandels im Vereinigten Königreich durch die jahrelang schwellende Kontroverse um die sogenannten *Corn Laws*[70], deren Aufhebung von Freihandels-

---

[67] Vgl. IRWIN 1998; S. 84f.
[68] Eine detaillierte Darstellung der politischen Philosophie David Humes findet sich bei: Russell HARDIN: *David Hume – Moral and Political Theorist;* Oxford 2007.
[69] Vgl. Joseph A. SCHUMPETER: *Geschichte der ökonomischen Analyse (Band I);* Göttingen 2009; S. 465.
[70] Die *Corn Laws* sind eine Reaktion auf sinkende Getreidepreise auf dem Weltmarkt nach dem Ende der Napoleonischen Kriege. Sie sollten die britische Landwirtschaft vor internationaler

anhängern lange gefordert und im Jahre 1846 tatsächlich umgesetzt wird. Dieser Wandel legitimiert Irwin Douglas' Feststellung:

„The doctrine of free trade became firmly established as orthodoxy among economists in Britain during this period [in der ersten Hälfte des 19. Jahrhunderts; Anmerkung des Autors] and sustained this position thereafter, despite gradual weakening toward the end of the century."[71]

Die zweite Hälfte des 19. Jahrhunderts ist damit zweifellos als das Goldene Zeitalter des Freihandels im Vereinigten Königreich und im ganzen Britischen Weltreich anzusehen – ein Faktum, das nachhaltig zum Aufstieg und zur Stabilisierung des *Empire* beitragen sollte.[72] Auf britische, unilaterale Initiative hin wird der Freihandel massiv in diesen Jahrzehnten – trotz mancher Skepsis in den Vereinigten Staaten und auf dem europäischen Kontinent – in weiten Teilen der Welt zur wirtschaftlichen Realität.[73]

Konkurrenz mit hohen Importzöllen bewahren, da eine sinkende Getreideproduktion eine höhere Importabhängigkeit bedeutet hätte. Zugleich sind die Gesetze als Patronage der Konservativen Partei für ihre Stammwähler aus dem Landadel zu betrachten.

[71] IRWIN 1998; S. 97.

[72] Eine detaillierte Analyse dieser Epoche findet sich bei: Anthony HOWE: *Free Trade and Liberal England 1846-1946;* Oxford 1997.

[73] Vgl. Niall FERGUSON: *Empire – How Britain Made the Modern World;* London 2004; S. 366.

Doch steht Freihandel ganz im Sinne Adams Smiths und David Humes klassischen Liberalismus nicht losgelöst von der politischen und rechtlichen Ordnung des *Empire:* Der Freihandel ist verbunden mit wirtschaftlichem *laissez faire* im Inland, *limited government,* unantastbaren Besitzrechten – auch für Ausländer, der Finanzpolitik William Gladstones – das heißt niedrigen Steuern, niedrigen Staatsausgaben und einem ausgeglichenen Haushalt, sowie ab 1821 dem Goldstandard des Pfund Sterling.[74] Schumpeter folgert aus diesem historischen Gesamtbild konsequent: „Der Freihandel ist nur ein Faktor eines umfassenden wirtschaftspolitischen Systems und sollte deshalb nie isoliert erörtert werden."[75]

Die Freihandelspolitik des Vereinigten Königreiches nach der Aufhebung der *Corn Laws* bis zum Ersten Weltkrieg ist also geradezu vorbildlich in der weitestgehenden Umsetzung der Prämissen und Forderungen des klassischen Liberalismus. Dieser Umstand macht Großbritannien bis heute zur historischen Referenz und zum möglichen Vorbild für Anhänger des klassisch-liberalen Freihandelsgedankens, nicht zuletzt für Razeen Sally.

---

[74] Vgl. SALLY 2008; S. 16.
[75] SCHUMPETER 2009; S. 498.

3. Der Paradigmenwechsel im Welthandel im 20. Jahrhundert

Mit der Infragestellung der *Pax Britannica* und der Führungsrolle des Britischen Weltreiches im Konzert der Mächte durch den Ersten Weltkrieg beginnt auch das liberale imperiale System ins Wanken zu geraten.[76] Die Aussetzung des Goldstandards im Jahre 1914, verbunden mit den wirtschaftspolitischen Herausforderungen der Kriegsökonomie und der enormen Kriegschuldenlast des *Empire* untergraben die innenpolitischen Grundpfeiler der klassisch-liberalen Ordnung und des Freihandels, der durch die Kriegssituation ohnehin international zurückgedrängt wird.[77] Zugleich endet damit eine lange, intensive Phase globalen wirtschaftlichen Austauschs an Waren, Kapital und Personen, die heutigen ähnlichen Phänomenen in nichts nachsteht.[78]

Die Zwischenkriegszeit ist zwar nach wie vor von britischer Dominanz geprägt, sie weicht aber bereits schrittweise aufsteigenden Mächten, allen voran den Vereinigten Staaten – besonders im wirtschaftlichen Bereich. Die verbliebenen Grundlagen der Wirtschaftsordnung des 19. Jahrhunderts

---

[76] Eine detaillierte Darstellung der Entwicklungen des schrittweisen Niedergangs des *Empire* findet sich bei: FERGUSON 2004; S. 294-381.

[77] Eine detaillierte Darstellung der Entwicklungen findet sich bei: Joseph A. SCHUMPETER: *Geschichte der ökonomischen Analyse (Band II);* Göttingen 2009; S. 929ff.

[78] Vgl. Niall FERGUSON: *Sinking Globalization;* in: FOREIGN AFFAIRS 2/2005; S. 67.

werden spätestens durch die Weltwirtschaftskrise ab 1929 hinfällig. Um dieser zu begegnen setzen die Staaten erneut auf Protektionismus, Regierungsinterventionismus, Handelsschranken und Währungskonflikte. Diese wiederbelebten Phänomene prägen die neue (Un-) Ordnung der Weltwirtschaft, in der an freien Handelsaustausch nicht mehr zu denken ist. Mit dem Dritten Reich und der Sowjetunion entstehen gar hermetisch geschlossene Wirtschaftsräume. Allein zwischen 1929 und 1932 fällt das Welthandelsvolumen um 26 Prozent, woran gerade die Vereinigten Staaten durch die Smoot-Hawley-Gesetzgebung zur Anhebung der Zölle entscheidend teilhaben.[79] Auch in der Heimat des Freihandelsgedankens, dem Vereinigten Königreich, greifen derlei Tendenzen um sich und finden prominente Fürsprecher, wie John Maynard Keynes, der sich schon ab Mitte der 1920er Jahre für ein Aussetzen des Freihandels einsetzt und damit für Aufsehen sorgt.[80]

Es fällt 1934 der US-Administration unter Franklin D. Roosevelt zu, nach der Weltwirtschaftskrise eine neue Richtung im Welthandel einzuschlagen, wozu sie mit dem *Reciprocal Trade Agreements Act* (RTAA) einen ersten Schritt unternimmt. Die Zuständigkeit in Zollfragen wird im Rahmen dieses Gesetzes vom Kongress an die Exekutive übergeben, was erstmals politisch wieder ein Sinken der Zölle ermöglicht. Daneben akzeptiert der Kongress das Prinzip der *most-favoured nation,* also dass künftig

---

[79] Vgl. Douglas A. IRWIN: *Free Trade Under Fire;* Princeton ²2005; S. 203f.
[80] Vgl. IRWIN 1998; S. 189-206.

ausgehandelte niedrigere Zölle mit einem Land automatisch für alle Handelspartner der Vereinigten Staaten gelten. Bis 1940 werden auf dieser Grundlage Abkommen mit 21 Nationen unterzeichnet, wodurch eine erste Tendenz weg vom Hyperprotektionismus der 1930er Jahre erkennbar wird. „The RTAA fundamentally changed American trade politics by tipping the political balance of power in favor of lower tariffs."[81]

Diese eingeschlagene – wieder liberalere – Richtung wird von den Vereinigten Staaten am Ende des Zweiten Weltkrieges fortgeführt, als sie versuchen eine neue Weltwirtschaftsordnung nach liberalen Maßstäben zu konfigurieren. Dies impliziert allerdings nicht eine Rückkehr zu den Prämissen des 19. Jahrhunderts, sondern vielmehr den Kompromiss von Bretton Woods zwischen einer liberalen internationalen Wirtschaftsordnung und einer durch politischem Interventionismus in der Wirtschaft geprägten nationalen Ordnung, getreu der Überlegungen zur Makroökonomie eines John Maynard Keynes. Kurz: „Smith abroad, Keynes at home."[82]

> „Post-war leaders were convinced that a liberal international order would maximize international economic stability and growth. But they were concerned that the domestic impact of liberalization could undermine political support for a liberal international system. The

---

[81] IRWIN ²2005; S. 205.
[82] SALLY 2008; S. 16. Siehe dazu auch EUCKEN ⁷2004; S. 167f.

logic of 1945 emerged from this concern. It held that, to be successful, international liberalization had to be 'embedded' in social compacts in which governments provided for the social welfare needs of their citizens in exchange for public support for an open world economy."[83]

Dieser Kompromiss des *embedded liberalism* schlägt sich entsprechend in den neugeschaffenen internationalen Organisationen, wie der Weltbank und dem Internationalen Währungsfonds, aber auch im Vertragsrahmen des Welthandels, dem GATT, nieder. Die damit entstandene Mischordnung zwischen Interventionismus und liberalem Wirtschaftsdenken stellt einen bedeutenden Paradigmenwechsel für die Weltwirtschaftsordnung dar. Ein Wandel, der bis heute nachwirkt, da der *modus operandi* der genannten Organisationen und der WTO nach wie vor auf diesem Mischsystem der Nachkriegszeit basiert.[84]

Als Konsequenz daraus bricht das Idealquartett des klassischen Liberalismus auf: „Free trade was no longer considered part of the bigger classical-liberal package of small government and free markets: it became compatible with bigger government and the

---

[83] Peter D. SUTHERLAND, John SEWELL & David WEINER: Challenges facing the WTO and policies to address global governance; in: Gary P. SAMPSON (Hrsg.): The Role of the World Trade Organization in Global Governance; New York 2001; S. 102f.

[84] Vgl. dazu näher: LAL: Reviving the Invisible Hand – The Case for Classical Liberalism in the 21st Century; Princeton 2006 (Kapitel 1-3). Jagdish N. BHAGWATI: Free Trade Today; Princeton 2003.

mixed economy."[85] Folgt man Schumpeters bereits zitierter Feststellung, Freihandel im klassischen Sinne sei nur im Paket mit den Prämissen des klassischen Liberalismus verstehbar und effektiv umsetzbar, erscheint die Loslösung des Freihandels aus diesem Gesamtkonzept fatal.

Razeen Sally greift diesen Sachverhalt auf und kritisiert in seinem Werk „New Frontiers in Free Trade" die Nutzbarmachung des Freihandelsgedankens durch die moderne – neoklassisch geprägte – Wohlfahrtsökonomie, die diesen jedoch unter vollkommen veränderten Voraussetzungen nutzt, wodurch er letztendlich an politikökonomischem Mehrwert und theoretischer Überzeugungskraft einbüßt.

Aus Sicht des klassischen Liberalismus ist das skizzierte Mischsystem ein instabiler, konfliktträchtiger Kompromiss. „There is no stable mixed systems compromise in international economic relations; illiberal domestic economic policies are bound to shake the liberal foundations of the international economic order."[86] Daher ist die bereits erwähnte Verbindung liberaler wirtschaftlicher und politischer Strukturen im Inland die unerlässliche Voraussetzung für die Stabilität einer liberalen internationalen Ordnung. Razeen Sally fordert aufgrund dieser Erkenntnisse, den Freihandelsgedanken erneut im Rahmen der Prämissen des klassischen Liberalismus zu betrachten und die nationale und internationale

---

[85] SALLY 2008; S. 17.
[86] SALLY 1998; S. 196.

Wirtschaftsordnung durch die Umsetzung derselben erneut in gegenseitig vorteilhafte Balance zu bringen.

> „Free trade should be recoupled with laissez faire: it should be part and parcel of the wider case for free markets, limited government, and economic freedom. (...) Finally, free trade should be seen bottom up, more through unilateral national action and competitive emulation, and less as a top-down product of international organizations and reciprocal bargaining."[87]

---

[87] SALLY 2008; S. 20.

II. Der klassisch-liberale Reformansatz für den Welthandel im 21. Jahrhundert nach Razeen Sally

Dieser Kernforderung Razeen Sallys für die Zukunft der Weltwirtschaftsordnung soll im folgenden Kapitel nachgegangen werden. Welche Feststellungen macht er zur aktuellen Ordnung des Welthandels, jenseits des bereits dargestellten theoretischen Grunddissenses? Wie sieht sein klassisch-liberales Konzept für die Zukunft des Welthandelsregimes und der internationalen Wirtschaftsordnung allgemein aus?

1. Anmerkungen Razeen Sallys zum Zustand des Welthandels

Neben den im vorhergehenden Kapitel dargestellten philosophisch-theoretischen Unterschieden zwischen einer klassisch-liberalen und einer neoklassisch wohlfahrtsökonomischen Herangehensweise an Fragen der Wirtschaftsordnung, thematisiert Razeen Sally konkrete aktuelle Entwicklungen und Beobachtungen, die in seinen Augen den Reformbedarf der Welthandelsordnung und der WTO unterstreichen. Diese sollen Inhalt des vorliegenden ersten Abschnitts sein.

Zunächst stellt er fest, dass sich am Ende des 20. Jahrhundert der über fast zwei Jahrhunderte andauernde schrittweise Prozess der Liberalisierung (von Rückschlägen abgesehen) verlangsame und der politische Wille zu derartigen Reformen weltweit im Schwinden begriffen sei. Dafür seien mehrere Faktoren ausschlaggebend: Neben einer gewissen Reformmüdigkeit nach der Hochzeit des Washingtoner Konsenses, gehöre vor allem eine diffuse Grundsorge angesichts der Globalisierung und ihrer Auswirkungen auf die nationalstaatliche Ebene dazu. Desweiteren fehlten am Beginn des neuen Jahrtausends liberale Leitfiguren, die sich glaubhaft für freie Märkte und Freihandel stark machen könnten.[88]

International sei die Stimmung zu Ungunsten der Globalisierung und Internationalisierung gekippt, wobei gerade auch der Freihandelsgedanke von Globalisierungsgegnern ins Zwielicht gerückt werde. Wachsende internationale Ungleichheiten, der Schere zwischen Nord und Süd, Rückschritte bei der Armutsbekämpfung, Arbeitslosigkeit, Strukturwandel und manch andere Entwicklung werden in einen oftmals unklaren Zusammenhang mit Liberalisierung und Freihandel gebracht.[89]

Sally betont demgegenüber positive wirtschaftliche Entwicklungen, die mit der Liberalisierung des Welthandels einhergehen.[90]

---

[88] Vgl. SALLY 2008; S. 23.
[89] Martin Wolf greift in seinem Werk „Why Globalization Works" viele dieser Kritikpunkte auf und analysiert sie auf ihre Pertinenz angesichts der durch die Globalisierung eingeleiteter Entwicklungen: Martin WOLF: *Why Globalization Works;* New Haven 2005.
[90] Razeen Sally stützt diese Argumente auf Studien der OECD und der Weltbank, die für die hier vorliegende Arbeit im Detail

(1) Studien der OECD belegten, dass Staaten mit einer liberalen Handelspolitik nicht nur eine offenere Wirtschaft haben, sondern auch größeres Wachstum als solche mit protektionistischer Politik.

(2) Die Behauptung, die Globalisierung benachteilige Entwicklungsländer, sei unhaltbar, vielmehr hätten einige Staaten die Chancen ergriffen und andere nicht, wie der Vergleich asiatischer und lateinamerikanischer mit afrikanischen Ländern zeige.

(3) Wirtschaftsprotektionismus schade den Entwicklungsländern am meisten, weshalb Forderungen, sie von Liberalisierungen auszunehmen, sie selbst am meisten benachteiligten.

(4) Protektionistische Maßnahmen zum Schutz einzelner Industriezweige seien historisch gesehen stets gescheitert.

(5) Derartiger Protektionismus biete nur den Nährboden für Korruption und hemme die Entwicklungschancen eines Landes in anderen Sparten.[91]

Trotz der bereits eingangs erwähnten Liberalisierungserfolge in den vergangenen Jahrzehnten ist wirtschaftlicher Protektionismus nach wie vor ein weltweites Phänomen, besonders im Bereich der Landwirtschaft. Der Schaden, welcher durch die vielschichtigen Handelshemmnisse entsteht, macht für Sally neuerliche und weitergehende Liberalisierungsbemühungen unerlässlich, vor allem da die bereits

---

minder relevant erscheinen. Eine detaillierte Zitation findet sich bei SALLY 2008; S. 136ff.
[91] Vgl. SALLY 2008; S. 25f.

erreichte Liberalisierung sich hauptsächlich auf den Güterbereich beschränkt.

> „Overall, trade and FDI in manufactured goods have been liberalized most; trade and FDI [*foreign direct investment;* Anmerkung des Autors] in services were liberalized later, and to a much lesser extent; and trade liberalization in agriculture has lagged behind."[92]

Wie sind die dennoch stattfindenden internationalen Liberalisierungsprozesse nun zu erklären? Sally bezieht sich in dieser Frage auf die drei klassischen Arten der Liberalisierung:

(1) Zunächst und besonders im Bereich des Handels mit Entwicklungsländern gehen diese auf unilaterale Anstrengungen der betroffenen Länder zurück, wie sie bereits im 19. Jahrhundert vom Vereinigten Königreich erfolgreich praktiziert worden sind. In der Tat scheinen die überzeugtesten „Liberalisierer" unserer Tage solche zu sein, die dies auf unilaterale Weise tun, wie beispielsweise die Volksrepublik China oder Indien.

(2) Der zweite Weg ist multilaterale Liberalisierung im Rahmen von Handelsrunden – eine Methode, die über Jahrzehnte erfolgreich im GATT praktiziert worden ist, die aber in der WTO bis dato keinerlei Erfolg zeitigt.

---

[92] SALLY 2008; S. 32.

(3) Die dritte Art Liberalisierung umzusetzen ist in einem bilateralen bzw. plurilateralen regionalen Ansatz zu suchen, die kleine Gemeinschaften ähnlich gesonnener Staaten zusammenführen. Der sprunghafte Anstieg der Zahl dieser bilateralen bzw. regionalen Partnerschaften und Blöcke – auf Englisch *preferential trade agreements* genannt – ist nicht unumstritten, da befürchtet wird, wirtschaftlich schwächere Staaten könnten durch sie diskriminiert werden und multilaterale – nichtdiskriminierende – Handelsverträge rückten damit in noch weitere Ferne.[93]

Angesichts der offenkundigen Krise multilateraler Liberalisierungsbemühungen konstatiert auch Sally, gemäß des dies bezüglichen breiten Konsenses von Wirtschaftsexperten, den dringenden Reformbedarf der WTO. Für ihn spielen sechs Problemfelder eine wichtige Rolle für die aktuelle Krise des Welthandelsregimes:

(1) Die WTO-Beschlüsse griffen weiter in nationale Kompetenzen ein als zuvor, was besonders durch die Erweiterung der Zuständigkeiten der Organisation im Vergleich zum GATT bedingt sei. Hierbei bestehe die Gefahr der Überforderung gerade schwächerer Mitgliedsstaaten durch WTO-Regularien und damit verbundenen Kosten. Desweiteren stelle die wachsen-

---

[93] Eine detaillierte Analyse des Phänomens der Handelsblöcke bietet: Jagdish N. BHAGWATI (Hrsg.): *Trading Blocs – Alternative Approaches to Analyzing Preferential Trade Agreements;* Cambridge (Mass.) 1999.

de Einmischung[94] in die nationale Autonomie ein schwerwiegendes politisches Legitimationsproblem dar.

(2) Die neuen Themenfelder der WTO seien ungeeignet für internationale Regelungen auf Basis der Gegenseitigkeitsannahme (*reciprocity*). Das Prinzip des „one-size-fits-all" sei illusorisch, da diese Bereiche eng mit nationalen und regionalen Besonderheiten verbunden seien, die besondere wirtschaftliche und politische Einzelfallentscheidungen notwendig machten.

(3) Die Verrechtlichung der WTO werde zunehmend zum Problem, da sich die Schiedsgerichtsbarkeit angesichts einer immer größeren Fülle an Streitfällen zu verselbstständigen drohe. Dies werfe eine Reihe schwerwiegender Fragen zu deren politischer Legitimität und Entscheidungskompetenz auf.

(4) Die WTO laufe Gefahr immer mehr den Vereinten Nationen zu gleichen. „Windy rhetoric, adversarial point scoring, political grandstanding, and procedural nitpicking seem to have substituted for serious decision-making."[95]

(5) Die wachsende Zahl an bilateralen und regionalen Handelsabkommen drohe nicht nur schwächere Staaten im Welthandel zu benachteiligen, sondern reduziere über Gebühr die politische Aufmerksamkeit

---

[94] Sally nennt diese Einmischung in die nationale politische Regelungsautonomie in Rezeption Jagdish Bhagwatis, „intrusionism" – wörtlich also Eindringen.
[95] SALLY 2008; S. 61.

(vor allem der starken Wirtschaftsnationen) für das Welthandelsregime.

(6) Schließlich erschwere der mangelnde außenpolitische Grundkonsens zwischen den Mitgliedern der WTO – zumindest der führenden – eine Einigung in Handelsfragen.[96]

All diese Punkte zusammengenommen lassen, laut Sally, die WTO stagnieren und berauben sie objektiv des entscheidenden politischen Vorteils des GATT, effektiv positive Ergebnisse für die Mitgliedsstaaten zu produzieren. Diesen Umstand führt gerade auch die bedauerliche Folge des Scheiterns der Verhandlungen der Doha-Runde vor Augen.

Welche Vorschläge für die Zukunft des Welthandels macht nun aber Razeen Sally auf Grundlage der von ihm favorisierten Philosophie des klassischen Liberalismus?

---

[96] Vgl. SALLY 2008; S. 58-61.

2. Die Reformvorschläge Razeen Sallys für das Welthandelsregime

Die Betrachtungen der folgenden beiden Unterkapitel werden sich dabei in zwei Teile gliedern. Zuerst soll auf die für Sally notwendigen Veränderungen der WTO eingegangen und darauffolgend sein Grundkonzept für eine klassisch-liberale Neuorientierung der Welthandelsordnung dargestellt werden.

Im Sinne eines grundlegenden Neubeginns für die WTO schlägt der britische Wissenschaftler im Kern drei Maßnahmen vor:[97]

(1) Die Mitglieder müssten den Fokus der Organisation wieder auf Fragen des Marktzugangs und grundlegender Handelsregularien zurückschrauben. Ziel sei dabei die Rückkehr zu einem schrittweisen Abbau von Handelshemmnissen und eines Liberalisierungsprozesses, der durch transparente, nichtdiskriminierende Regeln definiert wird, wie dies früher im Rahmen des GATT der Fall gewesen ist. Entscheidend sei auf eine Überregulierung des Welthandels zu verzichten: man müsse die Balance zwischen international ausgehandelten Maßnahmen und einem möglichst breiten nationalen Handelsspielraum wiederfinden. Künftige Regelungen sollten zuerst die Wahrung und Umsetzung der bereits bestehenden Liberalisierungserfolge sichern, bevor zu neuen Schritten übergegangen wird.

---

[97] Vgl. SALLY 2008; S. 65-68.

(2) Selbst diese ersten Reformschritte bedürften eines effektiven Entscheidungsmechanismus. Da keinerlei Hoffnung auf einen Konsens der Mitglieder zu einer grundlegenden Veränderung der Strukturen der WTO bestehe, müsse man sich mit den Realitäten zufriedengeben: Die Kernentscheidungen zu Liberalisierung und Regelsetzung müssten durch die etwa 50 Staaten getroffen werden, die für mehr als 80 Prozent des Welthandels verantwortlich zeichnen. Die wichtigsten Initiativen im Welthandel würden dabei weiter von den „big beasts"[98] ausgehen, wobei die alte Achse des GATT zwischen den Vereinigten Staaten und Europa nicht mehr allein tragfähig erscheine, besonders angesichts der eindeutigen Führungsschwäche der Europäischen Union. Die führenden Mächte des Welthandels im 21. Jahrhundert seien vielmehr die Vereinigten Staaten, die Volksrepublik China, Indien und Brasilien, deren Führung entscheidend für den Fortschritt und die Reform der WTO sein werde. Sally schwebt dabei ein System dreier Kreise vor: die fünf oder sechs führenden Handelsmächte im Zentrum als innerer Kreis; die restlichen ernst zu nehmenden Handelsnationen der Welt als äußerer Kreis und schließlich – in einem dritten Kreis – die knapp 100 verbleibenden Mitglieder der WTO, namentlich schwächere Entwicklungsländer. Dieses sollten zwar konsultiert werden zu den Entscheidungen der beiden inneren Kreise, da sie aber *de facto* kaum am Welthandel partizipieren und oftmals durch schwache

---

[98] Zu diesen Führungsmächten im Welthandel zählt Sally die Vereinigten Staaten, die Mitglieder der Europäischen Union, Japan, die Volksrepublik China, Indien und Brasilien.

politische Regime gekennzeichnet sind, sollte ihnen die Möglichkeit genommen werden Verhandlungen zu blockieren. „Providing these countries do not block negotiations, they should be accorded old-style special and differential treatment – essentially a free ride."[99] Im Grunde genommen sollten sie von der Reziprozitätspflicht der WTO ausgenommen werden, so sie sich nicht in der Lage sehen die Bestimmungen zu implementieren. Zusammengenommen impliziert dies, dass eine derartige Mehr-Säulen-Struktur nicht formell festgelegt, sondern eher informell praktiziert werden solle, um sie so akzeptabel für alle zu machen.

(3) Die WTO müsse sich auf eine bescheidenere Rolle in der Zukunft einstellen. Welthandelsrunden sollten abgeschafft und vielmehr auf eine schrittweise Liberalisierung gesetzt werden, als auf eine große Welle im Abstand einiger Jahre. Der Schwerpunkt der Organisation solle auf dem Erhalt des Bestehenden liegen. Insofern sei die WTO gut beraten sich eher zu einer Art Forum im Sinne der OECD zu entwickeln, das beratend und mahnend tätig ist und nicht politisch. Besonderes Augenmerk müsse auf der juristischen Zurückhaltung der Schiedsgerichtsbarkeit liegen, die in ihrer Rolle beschränkt werden müsse. Ihre Rolle dürfe es nicht sein Multilateralismus und *Global Governance*-Strukturen durch die Hintertür des internationalen Rechts ohne politischen Konsens der Mitglieder einzuführen.

Neben diesen konkreten Vorschlägen zur Reform der WTO macht Sally entscheidende Rand-

---

[99] SALLY 2008; S. 67.

bemerkungen zur ihrer allgemeinen Rolle und Funktion, sowie ihrer Wahrnehmung in der Öffentlichkeit. In diesem Zusammenhang kritisiert er die Forderungen nach einer Demokratisierung der WTO durch Einbeziehung von Nichtregierungsorganisationen in die Entscheidungsmechanismen der Organisation. Diese verträten nicht das Interesse des Wohls der Mitgliedsstaaten, sondern viel eher diverse Partikularinteressen, zu dem untergrüben viele von ihnen durch ihr Misstrauen gegenüber der Marktwirtschaft und ihren Erwartungen an die Leistungsfähigkeit von Regierungsinterventionismus zwei Grundsäulen der liberalen Wirtschaftsordnung.

> „More fundamentally, they undermine modern constitutional liberalism. The latter's central insight is that democracy has to be checked, balanced, and delegated if it is not to trample on the freedom of the individual and degenerate into the tyranny of majorities and minorities. Liberty has to be protected *against* democracy and its offspring of overactive government."[100]

Ziel der WTO müsse sein, Liberalisierungen und internationalen Handel zu erleichtern und damit die liberale Weltwirtschaftsordnung im Interesse aller Staaten zu stabilisieren. „That demands classical liberal-type rules: simple, transparent, nondiscrimina-

---

[100] SALLY 2008; S. 69.

tory 'negative ordinances' that protect individual property right *against* government intervention."[101]

3. Ein klassisch-liberales Konzept für die Zukunft der Welthandelsordnung

Wie beschrieben, stellt Razeen Sally einen eindeutigen Konnex zwischen den Reformen der WTO und einer allgemeinen Neuorientierung der Welthandelsordnung her, da seine Befürchtung in einer allgemeinen Rückkehr klassisch protektionistischer Ideen angesichts der schwindenden Unterstützung der Globalisierung, besonders forciert durch den Aufstieg Chinas und Indiens, besteht.[102] Er wendet sich dabei vor allem gegen die sogenannten „New Millenium Collectivists", die bestrebt seien eine Neuauflage des Bretton-Woods-Kompromisses aufzulegen: diesmal zwischen liberaler Globalisierung und Sozialdemokratie auf nationaler Ebene. Während er den einen Teil der Gleichung begrüßt, weist er im Sinne des *classical liberalism* auf das Phänomen des Regierungsversagens bei der Steuerung der nationalen und internationalen Wirtschaftsordnung hin. „Hence, classical liberals would make a strong case for limited government at home as well as abroad, and for free trade (or *laissez faire*) at home and abroad."[103]

---

[101] SALLY 2008; S. 70.
[102] Nähere Ausführungen zur Art dieser Befürchtungen klassischer-liberaler Wissenschaftlicher finden sich bei: LAL 2006; S. 205-230.
[103] SALLY 2008; S. 122.

Wie möchte nun aber Sally klassisch-liberales Gedankengut, besonders ihr Freihandelskonzept, in die Welt des frühen 21. Jahrhunderts übertragen?

(1) Zunächst müsse der gängige Freihandelsbegriff von den Annahmen des Bretton-Woods-Kompromisses gelöst und auf seine klassisch-liberale Grundlage, die Philosophie Adam Smiths und David Humes zurückgeführt werden.

> „Mixed-systems thinking [à la *embedded liberalism;* Anmerkung des Autors] forgets that free trade is part and parcel of free markets; it is but an element of a constitutional whole that includes limited government and *laissez faire* at home."[104]

(2) Vor dem Hintergrund einer immer komplexeren Welt erscheint Sally der Smithsche Gedanke der allgemeinen Verhaltensregeln besonders vielversprechend, da in einer wachsenden globalen Marktwirtschaft den Regierungen mehr als je zuvor das notwendige Detailwissen zur erfolgreichen Intervention im Detail fehle. Sie sollten sich daher auf den Handlungsrahmen konzentrieren.

> „In essence, classical liberalism, unlike social democracy, emphasizes complementary and joined-up approaches to domestic and international economic order. Limited government

---

[104] SALLY 2008; S. 127.

and *laissez faire* at home underpin limited government and free trade abroad, and domestic rules should be similar to international rules."[105]

(3) Dabei spielen in seiner Sicht die nationalen Regierungen eine unvermindert entscheidende Rolle, wobei er sich vor allem gegen die Annahme wendet, „globale Probleme" bedürften „globaler Lösungen", sprich einer Form von *Global Governance*. Da es nach wie vor die nationalen Regierungen seien, die die von Adam Smith definierten Kernaufgaben des Staats wahrnähmen, entschieden sie letztendlich in welcher Weise sich ihr Staat, dessen Institution und Rechtsgefüge entwickelten und damit in die Weltordnung einfügten. Sally folgt dabei der Feststellung Martin Wolfs, dass die Globalisierung und ihre Auswirkungen auf den Entscheidungen der Staaten beruhten.[106]

„Globalization continues to depend fundamentally on law-governed nation-states. Put another way, the preconditions of a good or bad, healthy or sick, liberal or illiberal international economic order are to be found (…) in the subsoil of the nation-states."[107]

---

[105] SALLY 2008; S. 128.
[106] Martin WOLF: *Will the Nation-State Survive Globalization?*; in: FOREIGN AFFAIRS 1/2001; S. 182 & 190.
[107] SALLY 2008; S. 130.

(4) Ganz im Sinne des umfassenden klassisch-liberalen Ansatzes der Bedingtheit von politischer und wirtschaftlicher, nationaler und internationaler Ordnung weist Sally darauf hin, dass Handelspolitik niemals losgelöst von den größeren geopolitischen Wirklichkeiten gesehen werden könne, schon deswegen, weil eine stabile internationale Wirtschaftsordnung zwar zu einer allgemein stabilen Weltordnung beitrage, aber noch vielmehr im Umkehrschluss von ihr abhängig sei. Zu Recht betont er die grundlegenden geopolitischen Wandlungsprozesses der letzten Jahrzehnte: die Rolle der Vereinigten Staaten als alleiniger Supermacht; den langsamen machtpolitischen Niedergang Europas und Japans angesichts negativer demographischer Entwicklungen; den Aufstieg neuer Mächte, vor allem Indiens und Chinas; eine größere Rolle der pazifischen Region für die Weltpolitik; neue Sicherheitsrisiken seit dem 11. September 2001. Ausgehend von der Annahme, dass die Vereinigten Staaten auf absehbare Zeit die führende Macht der Welt blieben, erscheint Sally konstruktives US-amerikanisches *leadership* unabdingbar bei der Reform der internationalen Organisationen, vor allem in Zusammenarbeit mit den aufsteigenden Mächten des asiatisch-pazifischen Raums.[108]

Zusammenfassend betont Razeen Sally aber zugleich, dass ein Impuls für freieren Welthandel und eine Wiederbelebung des klassisch-liberalen Freihan-

---

[108] Vgl. dazu auch: SooYeon KIM: *Who Will Reform the WTO? – Power, Purpose, and Legitimacy in Institutional Reform;* in: http://www.princeton.edu/~pcglobal/conferences/wtoreform/Kim_memo.pdf (aufgerufen am 16. August 2010).

delsgedankens nicht von den dafür zuständigen internationalen Institutionen zu erwarten seien, sondern vielmehr auf unilateraler Basis geschehen müssten, wie die Liberalisierungstendenzen in Asien in den vergangenen Jahren zeigten. Gemeinsam mit den Vereinigten Staaten könnten diese, laut Sally, die Grundlage für eine Neuorientierung der liberalen Weltwirtschaftsordnung nach klassischem Vorbild legen und damit der Stabilität der Weltordnung insgesamt dienlich sein.[109]

---

[109] Vgl. SALLY 2008; S. 132ff.

Fazit und Ausblick

Razeen Sally legt mit seinem Werk „New Frontiers in Free Trade" eine tiefgehende Analyse des Zustandes des Welthandels und darüber hinaus der Weltwirtschaftsordnung am Beginn des 21. Jahrhunderts vor. Sein Werk sticht insofern aus der großen Zahl an Monographien und Beiträgen zu Themen der Globalisierung im Allgemeinen und der WTO im Besonderen heraus, als dass er mit den seinen Analysen grundgelegten Prämissen des klassischen Liberalismus einen innovativen, und angesichts der Dominanz anderer liberaler Strömungen in der IPÖ fast schon revolutionären, Ansatz wählt. Die neuerliche Übertragung dieser Grundannahmen von der nationalen Wirtschaftsordnung, für die sie im Wesentlichen konzipiert sind, auf die durch Globalisierung geprägte internationale Ebene trägt nicht nur zur Wiederbelebung dieser Denkschule bei, sondern auch dazu, sie den Gegebenheiten des 21. Jahrhunderts anzupassen und damit dieses philosophische britische Erbe wieder zu beleben.

Neben dieser politikphilosophischen Leistung liefert Sally einen außergewöhnlich komplexen Reformbeitrag für das krisenbeladene Welthandelsregime und damit einen Anstoß zu einer weitergehenden und grundlegenderen Anpassung der Weltwirtschaftsordnung an die Bedürfnisse des 21. Jahrhunderts. Seine auf dem klassischen Liberalismus basierende Ablehnung des Kompromisses von Bretton Woods als ungeeigneter Ordnung internationaler Wirtschaftsabläufe, sowohl in theoretischer, als auch in praktischer Hinsicht, steht hierbei also gerade nicht in luftleerem Raum. Vielmehr bettet er sie in Smithscher Tradition in ein klassisch-liberales Gesamtkonzept ein, das sich in zwei Triaden fassen lässt: Freiheit des Individuums, freie Marktwirtschaft und *limited government* im Inland; souveräne Nationalstaaten, Freihandel und *limited government* auf internationaler Ebene. Diese beiden sind dabei nie losgelöst voneinander zu verstehen, sondern stets als interagierend und als sich bedingend aufzufassen.

Eine liberale Weltwirtschaftsordnung – die als normativ wünschenswert angesehen wird – bedarf nach diesem Verständnis liberaler nationaler Wirtschaftsordnungen, die ihre Grundlage bilden. Diese wird von der internationalen Ebene im Rahmen der erwähnten Erkenntnis- oder insofern auch institutionellen Lernprozesse beeinflusst.

> „At the end of the day, a liberal international economic order is fundamentally dependent on appropriate governance in both domestic and foreign economic policy, at the national level rather than in terms of intergovernmental policy coordination. This I consider to be the central message of David Hume, Adam Smith and their successors for the modern international economic order."[110]

---

[110] SALLY 1998; S. 12.

Der Freihandelsgedanke ist in diesem Sinne – genau wie die Marktwirtschaft – als ein dynamischer Prozess aufzufassen, der einer schrittweisen und immer neuen Anpassung und Verbesserung der wirtschaftspolitischen Strukturen und Institutionen eines Landes dient, gleich welchen Entwicklungsstand ein Staat aufweist. Der klassische Liberalismus möchte von der *natural liberty* des Einzelnen ausgehend es dem Individuum ermöglichen, im Rahmen einer offenen Wirtschaft den für sich größtmöglichen Nutzen zu erreichen, wozu ein ordnungspolitisch rahmensetzender und rechtsgarantierender Staat – eben kein libertärer „Nachtwächterstaat", sondern ein System der *limited government* – unabdingbar erscheint. Durch die Verfolgung seines besten Interesses trägt der Einzelne zum Erkenntnisprozess in der dynamischen Ordnung des Marktes und damit letztendlich zum Fortschritt der Gesellschaft bei, wodurch ein jedes Glied selbiger profitiert und diese wiederum stabilisiert. Austausch über den freien Handel mit anderen Staaten gibt zusätzliche Impulse für diese inländischen Prozesse, stärkt deren liberale Disposition und damit die Stabilität der internationalen Ordnung.

Da in der klassisch-liberalen Theorie die verschiedenen Sphären der Wirtschaft, der Politik und des Rechts, wie gezeigt, untrennbar miteinander verwoben sind und sogenannte „Mischsysteme" als langfristig zum Scheitern verurteilt angesehen werden, bleibt im Anschluss an Sallys theoretisch-philosophische Analysen eine Reihe von Fragen, die einen weiteren praktischen Forschungsbedarf signalisieren:

(1) Setzt eine liberale Wirtschaftsordnung stets Entwicklungen hin zu einer liberale(re)n politischen Struktur in Gang, die diese im Umkehrschluss erneut befördern?

(2) Wie verhält sich konkret eine liberale Wirtschaftsordnung zu einem autoritären politischen System und *vice verso?*

(3) Ist der liberal-demokratische Nationalstaat im Sinne John Fontes[111] als ein zwangsläufiges Produkt dieser Prozesse anzusehen?

(4) Welche Rolle spielen Besonderheiten nationaler Institutionen bei der Umsetzung der Liberalisierungsprozesse?

(5) Welche gesellschaftlichen Dispositionen bzw. institutionellen Gefüge hindern und fördern die Ausbildung einer liberalen Ordnung?

(6) Wie sind in dieser Hinsicht *failed states* und nichtstaatliche Akteure aufzufassen?

(7) Welche Rolle spielen internationale Konflikte und Sicherheitsprobleme für die Konzepte des klassischen Liberalismus?

(8) Führt eine klassisch-liberale Wirtschaftsdisposition in der Tat zur Wohlstandsmehrung aller am System Beteiligten?

---

[111] John FONTE: *Global Governance vs. the Liberal Democratic Nation-State: What Is the Best Regime?;* in: http://www.hudson.org/files/publications/2008_Bradley_Symposium_Fonte_Essay.pdf (aufgerufen am 16. August 2010).

Eine künftige Auseinandersetzung mit den genannten Fragen, die den Rahmen dieser Studie sprengen, erscheint dabei notwendig, um das konkrete *praktische* Potenzial der Überlegungen des klassischen Liberalismus am Beginn des 21. Jahrhunderts abschließend beurteilen und Rückschlüsse für die Theorie der Internationalen Beziehungen im Allgemeinen und verschiedener politischer Systeme im Besonderen ziehen zu können. Gerade dies erscheint aber als lohnendes Unterfangen für die Disziplin.

Razeen Sally liefert mit seinem Rückgriff auf die klaren und zugleich pragmatischen Prämissen des klassischen Liberalismus jedoch zumindest ein tragfähiges *theoretisches* Gesamtkonzept für die Zukunft der Welthandelsordnung, das alle Teilelemente der Wirtschaft, der Politik und des Rechts, sowohl auf nationaler als auch internationaler Ebene berücksichtigt und zusammenbringt. Insofern stellt er – seinem Anspruch gemäß – ein kohärentes, klassisch-liberal inspiriertes Gesamtkonzept vor, das von der Freiheit des Individuums als Grundfaktum ausgehend, ein System der „guten" Ordnung aufbaut, in der der Einzelne größtmögliche Freiheit genießt, der Wohlstand aller wächst und das zugleich friedens- und stabilitätsfördernd wirkt – national und weltweit. Er erfüllt in diesem Sinne eine Forderung Jagdish Bhagwatis, der selbst unablässig an der Erforschung der Globalisierung arbeitet, wenn auch von einem anderen Ausgangspunkt herkommend. Bhagwati beendet sein großes Werk zur „Verteidigung der Globalisierung" mit folgenden Worten:

> „Deshalb schließe ich mit der Feststellung, dass die Globalisierung mit institutionellen und politischen Herausforderungen verbunden ist, die ein kohärentes und ganzheitliches Vorgehen verlangen. Die großen und reichen Länder (...) treiben von einer Ad-hoc-Reaktion zur anderen. Die Globalisierung ist jedoch ein Phänomen, durch das man sich nicht einfach durchwursteln kann."[112]

Der Hinweis Sallys, die führenden Handels- und Wirtschaftsmächte der Welt, vor allem die Vereinigten Staaten, müssten bei der Schaffung einer ganzheitlichen Antwort zur Neuorientierung der Wirtschaftsordnung vorangehen, findet sich in den Worten Bhagwatis wieder.

Sallys Analyse geht zwischen den Zeilen jedoch einen Schritt weiter: So wünschenswert ein breiter internationaler Konsens in dieser Sache wäre, so unwahrscheinlich und unrealistisch erscheint er auch am Beginn des 21. Jahrhunderts. Ob Schritte zu einem solchen neuen liberalen Konsens ihren Ursprung, wie Sally glaubt, in den Vereinigten Staaten und Asien haben müssen, bleibt aufgrund vielschichtiger politischer, wirtschaftlicher und gesellschaftlicher Infragestellungen der betroffenen Staaten – die er auch selbst einräumt – zumindest fraglich und bedürfte der Vertiefung oben skizzierter praktischer Forschungsfragen. Im Endeffekt stellt sich viel eher die Frage

---

[112] Jagdish N. BHAGWATI: Verteidigung der Globalisierung (Bundeszentrale für politische Bildung Schriftenreihe Band 744); Bonn 2008; S. 444.

inwieweit die Vereinigten Staaten und diverse asiatische Mächte, allen voran die Volksrepublik China, überhaupt in der Lage sein werden der Weltwirtschaft einen derartigen klassisch-liberalen Impuls hin zu mehr Freihandel zu verleihen, wie er Sally wünschenswert erscheint.

Nach Betrachtung der hier untersuchten Ausführungen Sallys zu den Problemen der Welthandelsordnung am Beginn des 21. Jahrhunderts und möglichen Abhilfemaßnahmen kann man sich des Eindrucks nicht erwehren, dass die Welt derzeit eben keinen „Bretton-Woods-Moment" erlebt, anlässlich dessen sich die führenden Wirtschafts- und Handelsnationen versammeln um am grünen Tisch über die künftige Weltwirtschaftsordnung zu entscheiden. Viel eher scheint sich die Weltgemeinschaft angesichts der skizzierten ungelösten Herausforderungen in einer Situation vergleichbar der des 19. Jahrhunderts zu befinden, in der es eines erfolgreichen, genuin liberalen Vorbildes – wie des britischen *Empire* – bedarf, um derartigen Reformen des Welthandels Schwung zu verleihen.

Dieser Eindruck wird verstärkt durch politische Signale ausgerechnet einer der „alten" – von Sally in seinem Werk fast schon abgeschriebenen – Handelsmächte, nämlich dem Vereinigten Königreich. Die konservativ-liberale Regierung Ihrer Majestät gibt seit Mai 2010 in dieser Hinsicht Grund zur Annahme, der klassische Freihandelsgedanke sei zu einer Renaissance in der Lage und könne Großbritannien dabei helfen, erneut eine bedeutende Rolle bei der

Gestaltung der Zukunft der Welthandelsordnung spielen.

Bei entsprechender politischer Willenskraft könnte London – auch als Konsequenz aus der Wirtschafts- und Finanzkrise – versuchen, gemeinsam mit anderen liberal gesonnen Staaten die Europäische Union (aber auch andere internationale Strukturen) für klassisch-liberale Konzepte und besonders den Freihandel zu gewinnen; ein Szenario, das Razeen Sally und Frederic Erixon in einem Leitartikel im WALL STREET JOURNAL sogar einfordern, womit Sally seine vormalige Skepsis gegenüber den Möglichkeiten europäischer Staaten auf die Zukunft der Welthandelsordnung Einfluss zu nehmen ein Stück weit zu relativieren scheint.[113]

Aktuelle Tendenzen weisen denn auch tatsächlich in diese Richtung, wie unter anderem die britisch-niederländische Initiative zu einer weiteren Liberalisierung des europäischen Binnenmarktes zeigt.[114] Eventuell ließe sich gar Deutschland für derartige Bestrebungen gewinnen.[115] Ein Land, das traditionell seit dem Zweiten Weltkrieg die Heimat vehementer Fürsprecher des Freihandels und einer dem klassischen Liberalismus nahestehenden Ordnung ist; man

---

[113] Frederik ERIXON & Razeen SALLY: *Britain's European Moment;* in: THE WALL STREET JOURNAL 23. Juli 2010.
[114] Vgl. Patrick WINTOUR & Nicholas WATT: *Cameron looks to the Dutch in move to boost EU free market;* in: THE GUARDIAN 25. Januar 2011.
[115] Siehe zu derartigen Überlegungen: Andreas FREYTAG & Valentin ZAHRNT: *Deutschlands vernachlässigte Freihandelsinteressen;* in: FRANKFURTER ALLGEMEINE ZEITUNG 24. Juni 2010.

denke nur an Ludwig Erhard.[116] Ein solcher veränderter Sachverhalt wäre nicht nur für die deutsch-britischen Beziehungen förderlich, sondern hätte auch das Potenzial die europäische Zusammenarbeit auf eine gänzlich neue Grundlage zu stellen.

Ein Wandel hin zu klassisch-liberalen Prämissen könnte damit langfristig in der Lage sein, Großbritannien, Deutschland und ihre Partner – in Europa, dem Commonwealth und jenseits davon – fit zu machen für neue wirtschaftliche, aber genauso politische Herausforderungen im 21. Jahrhundert. Gerade das Vereinigte Königreich könnte aber durch den innenpolitischen, wie internationalen Einsatz für diese klassischen Ziele und Konzepte der britischen politischen Ökonomie seiner Rolle als Mutterland des Freihandels wieder gerecht werden und dabei eine neue – zugleich altbekannte – Aufgabe in der Weltgemeinschaft wahrnehmen: ein Vorbild der Freiheit zu sein – *a beacon of freedom.*

---

[116] Vgl. Ludwig ERHARD: *Wohlstand für alle;* Köln 2009.

Bibliographie

Monographien und Sammelbände

BHAGWATI, Jagdish N. (Hrsg.): *Trading Blocs – Alternative Approaches to Analyzing Preferential Trade Agreements;* Cambridge (Mass.) 1999.

BHAGWATI, Jagdish N.: *Free Trade Today;* Princeton 2003.

BHAGWATI, Jagdish N.: *Verteidigung der Globalisierung (Bundeszentrale für politische Bildung Schriftenreihe Band 744);* Bonn 2008.

BOHNE, Eberhard: *The World Trade Organization – Institutional Development and Reform;* Basingstoke 2010.

COHEN, Benjamin: *International Political Economy – An Intellectual History;* Princeton 2008.

CONWAY, David A.: *Classical Liberalism – The Unvanquished Ideal;* Basingstoke 1998.

CONWAY, David A.: *In Defence of the Realm – The Place of Nations in Classical Liberalism;* Aldershot 2004.

DEESE, David A.: *World Trade Politics – Power, Principles, and Leadership;* Abingdon 2008.

ERHARD, Ludwig: *Wohlstand für alle;* Köln 2009.

EUCKEN, Walter: *Grundsätze der Wirtschaftspolitik;* Tübingen ^{7}2004.

FERGUSON, Niall: *Empire – How Britain Made the Modern World;* London 2004.

HAAR, Edwin van de: *Classical Liberalism and International Relations Theory – Hume, Smith, Mises, and Hayek;* Basingstoke 2009.

HARDIN, Russell: *David Hume – Moral and Political Theorist;* Oxford 2007.

HAYEK, Friedrich August von: *The Constitution of Liberty;* Abingdon 2006.

HAYEK, Friedrich August von: *The Road to Serfdom;* Abingdon 2008.

HOEKMAN, Bernard M. & MAVROIDIS, Petros C.: *The World Trade Organization – Law, economics, and politics;* Abingdon 2007.

HOWE, Anthony: *Free Trade and Liberal England 1846-1946;* Oxford 1997.

IRWIN, Douglas A.: *Against the Tide – An Intellectual History of Free Trade;* Princeton 1998.

IRWIN, Douglas A.: *Free Trade Under Fire;* Princeton ^{2}2005.

JONES, Kent: *The Doha Blues – Institutional Crisis and Reform in the WTO;* Oxford 2010.

KEOHANE, Robert O.: *After Hegemony – Cooperation and Discord in the World Political Economy;* Princeton 1984.

KHAN, Amir Ullah & CHAKRABORTY, Debashis: *The WTO Deadlocked – Understanding the Dynamics of International Trade;* Neu Dehli 2008.

LAL, Deepak: *Reviving the Invisible Hand – The Case for Classical Liberalism in the 21st Century;* Princeton 2006.

LEE, Simon & MCBRIDE, Stephen (Hrsg.): *Neo-Liberalism, State Power and Global Governance;* Dordrecht 2007.

MISES, Ludwig von: *Liberalism – The Classical Tradition;* Indianapolis 2005.

MOORE, Michael: *A World Without Walls – Freedom, Development, Free Trade and Global Governance;* Cambridge 2003.

MURPHY, Dwight D.: *Burkean conservatism and classical liberalism;* Lanham 1982.

RAVENHILL, John: *Global Political Economy;* Oxford 2005.

REUS-SMIT, Christian & SNIDAL, Duncan (Hrsg.): *The Oxford Handbook of International Relations;* Oxford 2008.

RÖPKE, Wilhelm: *Internationale Ordnung – heute;* Erlenbach/Stuttgart ²1954.

RUGGIE, John G. (Hrsg.): *Multilateralism Matters – The Theory and Praxis of an Institutional Form;* New York 1993.

SALLY, Razeen: *Classical Liberalism and International Economic Order;* London 1998.

SALLY, Razeen: *Whither the world trading system? – Trade policy reform, the WTO and prospects for the New Round;* Braamfontein 2003.

SALLY, Razeen: *New Frontiers in Free Trade – Globalization's Future and Asia's Rising Role;* Washington DC 2008.

SAMPSON, Gary P. (Hrsg.): *The Role of the World Trade Organization in Global Governance;* New York 2001.

SAMPSON, Gary P. (Hrsg.): *The WTO and Global Governance – Future Directions;* New York 2008.

SCHIEDER, Siegfried & SPINDLER, Manuela (Hrsg.): *Theorien der Internationalen Beziehungen;* Opladen ²2006.

SCHUMPETER, Joseph A.: *Geschichte der ökonomischen Analyse (Band I);* Göttingen 2009.

SCHUMPETER, Joseph A.: *Geschichte der ökonomischen Analyse (Band II);* Göttingen 2009.

SMITH, Adam: *Reichtum der Nationen;* Paderborn 2004.

WOLF, Martin: *Why Globalization Works;* New Haven 2005.

ZAHRNT, Valentin: *Die Zukunft globalen Regierens – Herausforderungen und Reformen am Beispiel der WTO;* Stuttgart 2005.

Wissenschaftliche Aufsätze

ABDELAL, Rawi & SEGAL, Adam: *Has Globalization Passed Its Peak?;* in: FOREIGN AFFAIRS 1/2007; S. 103-114.

BHAGWATI, Jagdish N.: *After Seattle – free trade and the WTO;* in: INTERNATIONAL AFFAIRS 1/2001; S. 15-29.

COHN, Theodore H.: *The World Trade Organization and Global Governance;* in: LEE, Simon & MCBRIDE, Stephen (Hrsg.): *Neo-Liberalism, State Power and Global Governance;* Dordrecht 2007; S. 201-216.

FERGUSON, Niall: *Sinking Globalization;* in: FOREIGN AFFAIRS 2/2005; S. 64-77.

JACKSON, John H.: *The case of the World Trade Organization;* in: INTERNATIONAL AFFAIRS 3/2008; S. 437-454.

KOOPMAN, Georg & STRAUBHAAR, Thomas: *Globalisierung braucht starke Institutionen;* in: INTERNATIONALE POLITIK 9/2006; S. 6-14.

MATTOO, Aaditya & SUBRAMANIAN, Arvind: *From Doha to the Next Bretton Woods;* in: FOREIGN AFFAIRS 1/ 2009; S. 15-26.

RUGGIE, John G.: *International Regimes, Transactions, and Change – Embedded Liberalism in the Postwar Economic Order;* in: INTERNATIONAL ORGANIZATION 2/1982; S. 379-415 (auch verfügbar unter:

http://www.wto.org/english/forums_e/public_forum_e/ruggie_embedded_liberalism.pdf).

SCHIEDER, Siegfried: *Neuer Liberalismus;* in: SCHIEDER, Siegfried & SPINDLER, Manuela (Hrsg.): *Theorien der Internationalen Beziehungen;* Opladen ²2006; S. 175-212.

STEIN, Arthur A.: *Neoliberal Institutionalism;* in: REUS-SMIT, Christian & SNIDAL, Duncan (Hrsg.): *The Oxford Handbook of International Relations;* Oxford 2008; S. 201-221.

SUTHERLAND, Peter D., SEWELL, John & WEINER, David: *Challenges facing the WTO and policies to address global governance;* in: SAMPSON, Gary P. (Hrsg.): *The Role of the World Trade Organization in Global Governance;* New York 2001; S. 81-111.

WOLF, Martin: *Will the Nation-State Survive Globalization?;* in: FOREIGN AFFAIRS 1/2001; S. 178-190.

WOLF, Martin: *What the world needs from the multilateral trading system;* in: SAMPSON, Gary P. (Hrsg.): *The Role of the World Trade Organization in Global Governance;* New York 2001; S. 183-208.

WOLF, Martin: *Märkte, Demokratie, Frieden;* in: INTERNATIONALE POLITIK 3/2005; S. 6-16.

Presseartikel

ERIXON, Frederik & SALLY, Razeen: *Britain's European Moment;* in: THE WALL STREET JOURNAL 23. Juli 2010.

FREYTAG, Andreas & ZAHRNT, Valentin: *Deutschlands vernachlässigte Freihandelsinteressen;* in: FRANKFURTER ALLGEMEINE ZEITUNG 24. Juni 2010.

WINTOUR Patrick & WATT Nicholas: *Cameron looks to the Dutch in move to boost EU free market;* in: THE GUARDIAN 25. Januar 2011.

ZAHRNT, Valentin: *Eine Prise Reformeifer für die WTO;* in: SÜDDEUTSCHE ZEITUNG 8. April 2009.

Internetartikel

COTTIER, Thomas: *Preparing For Structural Reform in the WTO;* in:
http://www.wto.org/english/forums_e/public_forum_e/structural_reform_of_the_wto_cottier.pdf (aufgerufen am 16. August 2010).

DADUSH, Uri: *WTO Reform – The Time to Start is Now;* in:
http://carnegieendowment.org/files/WTO_reform.pdf (aufgerufen am 16. August 2010).

FRIEDMAN, Milton: *The Case for Free Trade;* in: http://www.hoover.org/publications/hoover-digest/article/7125 (aufgerufen am 16. August 2010).

FONTE, John: *Global Governance vs. the Liberal Democratic Nation-State: What Is the Best Regime?;* in: http://www.hudson.org/files/publications/2008_Bradley_Symposium_Fonte_Essay.pdf (aufgerufen am 16. August 2010).

KIM, SooYeon: *Who Will Reform the WTO? – Power, Purpose, and Legitimacy in Institutional Reform;* in: http://www.princeton.edu/~pcglobal/conferences/wtoreform/Kim_memo.pdf (aufgerufen am 16. August 2010).

World Trade Organisation: *The General Agreement on Tariffs and Trade;* in: http://www.wto.org/english/docs_e/legal_e/gatt47_e.pdf (aufgerufen am 16. August 2010).

WOLF, Martin: *Does the trading system have a future? (Jan Tumlir Policy Essays Nr. 1/2009);* in: http://www.ecipe.org/publications/jan-tumlir-policy-essays/does-the-trading-system-have-a-future/PDF (aufgerufen am 16. August 2010).